마인드맵 그림책

지구를 살리는 환경 이야기

우리가 화성에서 살 수 있을까요?

자일스 스패로우 글 엘 프리모 라몬 그림
미국 항공 우주국(NASA) 엘리자베스 램피 박사 감수 박정화 옮김

미국 항공 우주국(NASA)의 행성 과학자, 엘리자베스 램피 박사가 전하는 말

엘리자베스는 행성 과학자예요. 화성 주위를 도는 궤도선과 화성 표면 위를 지나다니며 탐사하는 탐사차를 이용해 화성의 암석과 광물을 연구함으로써 화성의 고대 과거를 연구하고, 다른 분야의 과학자 및 엔지니어와 협력하여 미래 로봇과 유인 화성 탐사를 준비하는 데 도움을 주고 있어요.

전 세계 과학자와 엔지니어들은 인류가 직면한 가장 큰 도전 중 하나인 최초의 유인 화성 탐사를 준비하고 있어요.

400여 년 전 망원경을 통해 처음 관측된 이래로 우리는 붉은 행성인 화성에 대해 알기 위해 노력했답니다. 그리하여 화성 로봇 탐사를 통해 건조한 분화구 지형 그리고 물과 드라이아이스로 이루어진 극관을 발견했어요. 수년간의 연구 끝에 우리는 화성이 한때는 강, 호수, 빙하, 그리고 두꺼운 대기를 가진 우리 지구와 다르지 않았다는 것을 알게 되었지요. 고대 화성은 미생물에 필요한 모든 조건을 갖추고 있었지만 우리는 아직 그 증거를 찾지는 못했어요.

인간이 화성 표면에 착륙한다는 것은 외계 생명체를 찾기 위한 탐색을 계속할 수 있다는 것을 의미해요. 우주 비행사는 탐사차보다 훨씬 더 빠르게 탐사할 수 있으며 수집한 암석을 연구하고 표본을 지구로 가져올 수 있어요. 인류 최초의 화성 여행은 태양계 탐사에 큰 도약이 될 거예요. 우리는 이미 달에 잠시 방문했지만 화성 탐사까지는 더 많은 시간이 걸릴 수도 있어요. 화성 탐사는 외계 최초의 영구 정착지를 위한 길을 열어 주고 우리 인간의 새로운 미래를 제시할 수도 있을 거예요.

인류의 화성 여행은 우리가 생각하는 것보다 더 빨리 이루어질 수 있어요. 이 책에서 배운 내용을 활용하고 우주에 관한 관심을 잃지 않으며 미래의 직업을 준비하다 보면 언젠가 화성 탐사를 가는 사람은 여러분이 될 수 있을 거예요.

| 차 례 |

마인드맵 4

화성은 어떤 행성인가요? 6
화성은 어디에 있나요? 8
지구와 화성 비교 10
화성의 환경 12

화성에 대해 얼마나 알고 있나요? 14
화성에 관해 발견한 것들 16
탐사 로봇 18

화성에 어떻게 갈까요? 20
언제 가야 할까요? 22
준비와 훈련 24
로켓을 타고 26

여정은 어떻게 될까요? 28
우주여행 30
화성으로 하강 32

화성에서 어떻게 살아갈까요? 34
화성에서의 보호 36
건강 유지 38
자원 찾기 40
화성에서의 이동 수단 42

화성에서 영원히 살 수 있을까요? 44
정착지 46
기지 건설 48
농사 50
비상 상황 52
지구로 54

인간이 화성을 변화시킬 수 있나요? 56
두꺼운 대기 만들기 58
제2의 지구 60
화성인 되기 62

다음 목적지는 어디일까요? 64
태양계 너머 66
별들 속으로 68

용어 해설 70
찾아보기 72

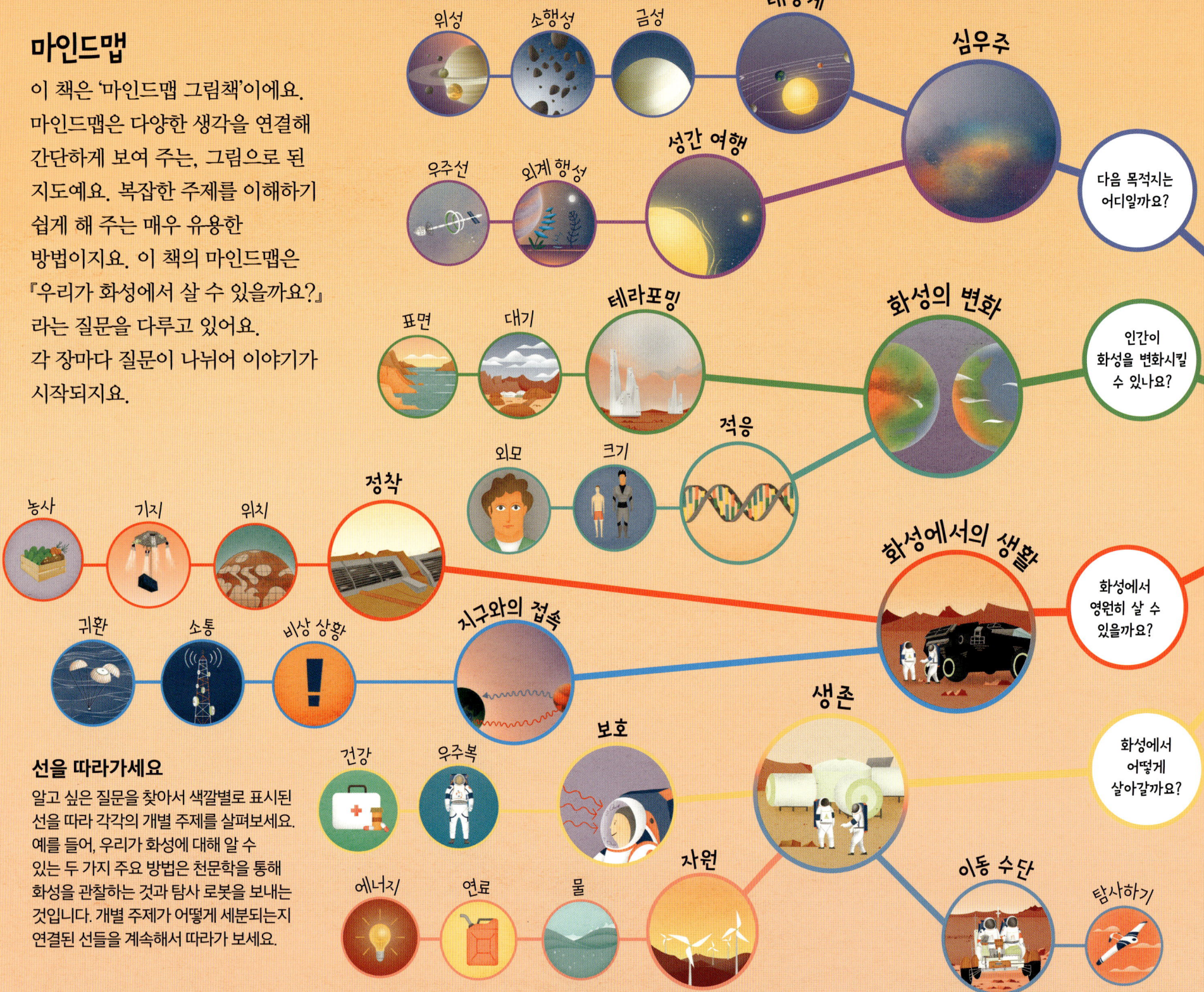

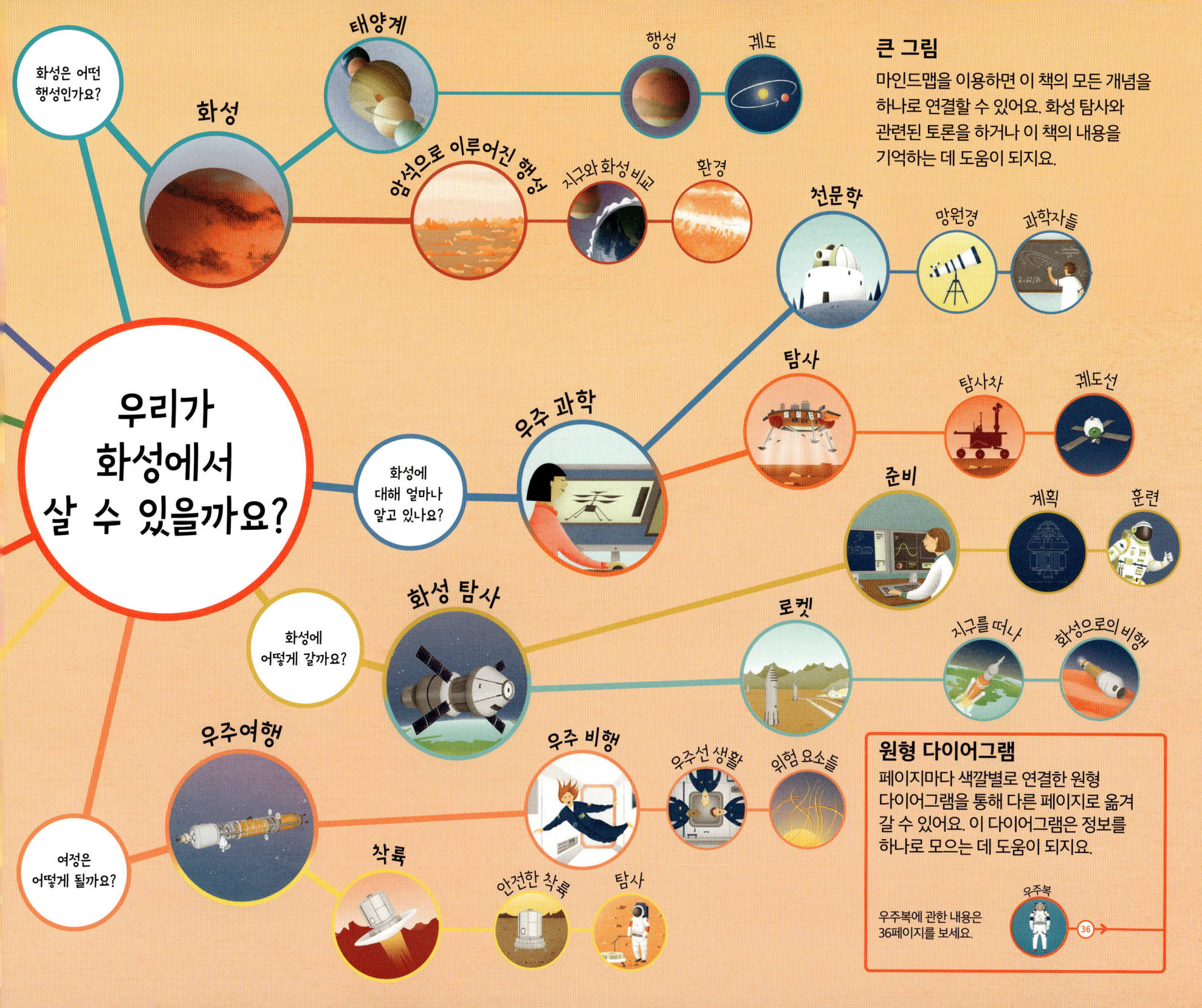

화성은 어떤 행성인가요?

화성은 지구의 가장 가까운 이웃 행성 중 하나예요. 우리는 태양계의 다른 어떤 행성보다 화성에 대해 가장 많이 알고 있어요. 화성과 지구의 거리가 가까워지는 시기가 있기 때문에 화성은 인류의 미래를 준비하는 탐험가들에게 아주 알맞은 곳이지요.

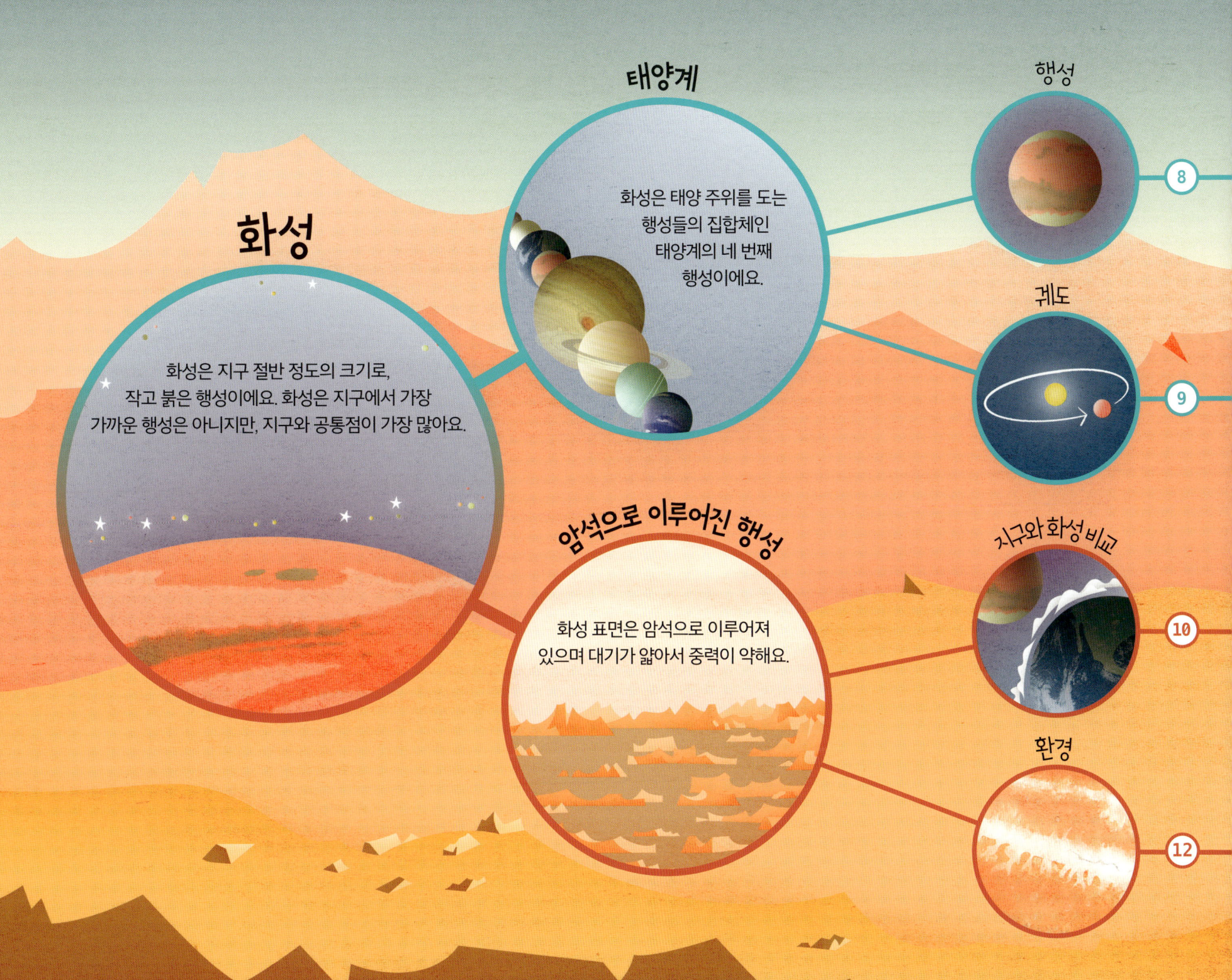

8 태양계

화성은 어디에 있나요?

화성은 밤하늘에 빛나는 작고 붉은 행성이에요. 지구에서 가장 가까운 행성 중 하나여서 맨눈으로도 볼 수 있답니다. 화성은 태양의 네 번째 행성이자 탐사 로봇이 착륙한 유일한 행성이지요. 화성은 건조하고 먼지가 많아서 생명체가 없을 수도 있지만, 아직까지 태양계의 다른 모든 행성 중 지구와 가장 비슷해서 가까운 미래에 인간이 탐사하기에 가장 좋은 행성이에요.

내부 태양계

태양과 소행성대 사이에 위치한 수성, 금성, 지구, 화성이 위치한 곳을 내부 태양계라고 해요. 주로 암석으로 이루어졌고 그 크기와 환경이 매우 달라요.

태양계

태양계에는 8개의 행성이 있어요. 이 행성들은 모두 태양 주위를 돌고 있으며 주변에는 암석과 얼음으로 이루어진 더 작은 천체들도 많이 있어요.

수성
태양계에서 가장 작은 행성인 수성은 태양에 가장 가까워요. 표면의 한쪽은 타는 듯 뜨겁고 공기가 없으며 다른 한쪽은 얼음처럼 차가워요.

금성
화성의 거의 두 배 크기인 금성은 두껍고 질식할 듯한 대기를 가지고 있어 생명체가 살기는 아주 힘들어요.

지구
지구는 태양의 내행성 중 가장 큰 행성이에요. 생태계를 보호하는 대기와 물이 있어서 생명체로 가득 차 있지요.

화성
이 붉은 행성은 태양에서 가장 멀리 떨어진 내행성이에요. 작은 크기와 얇은 대기로 인해 화성은 지구보다 더 건조하고 춥답니다.

태양계 9

외부 태양계

소행성대 너머의 목성, 토성, 천왕성, 해왕성이 위치한 곳을 외부 태양계라고 불러요. 기체나 얼음으로 이루어진 거대한 행성들은 각각 주위를 공전하는 위성을 여러 개 가지고 있어요.

네 개의 기체 행성에는 암석으로 이루어진 핵이 있어요.

해왕성
가장 바깥쪽 행성인 해왕성은 대기에서 폭풍우가 치고 태양계에서 가장 빠른 바람이 불어요.

천왕성
청록색의 거대 행성인 천왕성은 얼음처럼 차가운 내부와 얇은 고리를 가지고 있어요.

토성
태양계에서 두 번째로 큰 행성으로 밝은 고리가 둘러싸고 있어요. 고리를 구성하고 있는 수많은 작은 얼음 조각이 햇빛에 반사되어 반짝이지요.

목성
태양계에서 가장 큰 행성인 목성은 소행성대의 바깥쪽에 있어요. 목성 내부에서 열이 방출되고 '대적반'이라는 거대한 폭풍이 수백 년 동안 지속되고 있어요.

소행성대
화성과 목성 사이에 수많은 작은 암석들로 이루어진 소행성들이 모여 있어요. 소행성대가 태양계의 내부와 외부를 나누어 주지요.

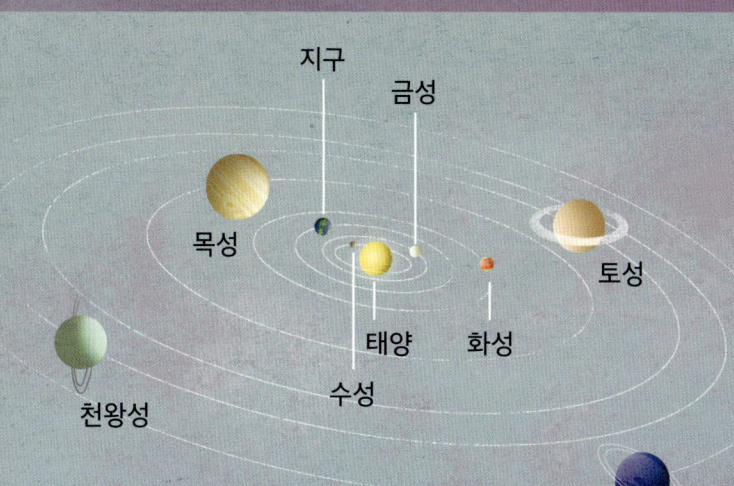

궤도
행성은 궤도라고 부르는 타원형 경로로 태양 주위를 돌아요. 내행성은 외행성보다 훨씬 더 가까이 모여 있어요. 화성을 지나면서 행성 사이의 간격은 점점 더 넓어져요.

화성 발견하기

16

화성과의 관련성
화성은 암석으로 이루어진 작은 행성이자 태양계의 네 번째 행성이에요. 화성은 지구와 가장 비슷한 행성으로 인간이 탐사할 가능성이 충분한 곳이에요.

암석으로 이루어진 행성

지구와 화성 비교

화성은 태양계에서 지구와 가장 비슷하지만 여전히 다른 점이 많아요. 지구는 화성보다 더 크고 태양에 가까우며 물이 풍부하고 대기가 더 두꺼워요. 이러한 점 때문에 지구는 다양한 생명체가 살기 좋은 곳이 되었어요. 화성은 지구에 비해 크기가 더 작고 태양과의 거리도 멀기 때문에 춥고 건조하며 생명체가 없을 가능성이 크지요. 하지만 화성은 지구상의 어떤 곳보다 더 높이 솟은 화산과 깊은 협곡이 있는 멋진 풍경을 가지고 있어요.

온도
지구에도 영하의 극지방과 뜨거운 사막이 있지만 평균 기온은 15.6℃로 유지돼요. 화성은 평균 영하 85℃로 영하권 위로 올라가는 경우가 거의 없어요.

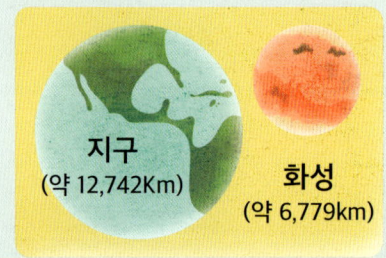

지구 (약 12,742Km)
화성 (약 6,779km)

크기
지구는 화성보다 약 두 배 넓고 약 10배 더 무거워요. 지구의 부피를 채우려면 화성이 6개 이상 필요해요.

지구의 생명체
지구에는 다양한 종류의 생명체가 살고 있어요. 우주에서 바라보는 지구의 땅은 식물 때문에 녹색으로 보여요. 식물은 생물이 호흡할 수 있는 공기를 만드는 데 도움을 주지요.

지구의 중력
중력은 모든 것을 지구 표면으로 끌어당겨요. 중력은 우리가 발을 땅에 고정할 수 있게 해 주고 지구 대기가 우주로 빠져나가는 것을 막아 주지요.

대기

암석으로 이루어진 행성 11

큰 차이점

아직까지는 화성에 액체 상태의 물이나 생명체가 발견되지 않았어요. 물의 순환이나 활발한 지각 활동이 없기 때문에 화성의 환경 변화는 매우 느려 수천 년 또는 수백만 년이 걸릴 수 있어요. 지구는 물과 대기 그리고 생명체가 함께 움직이며 환경이 활발히 변하고 있답니다.

포보스
데이모스

화성의 위성들

화성에는 포보스와 데이모스라는 두 개의 위성이 있어요. 이 위성들은 지구의 달보다 훨씬 작지만, 화성에 가까운 궤도를 돌기 때문에 화성 하늘에서 크게 보인답니다.

화성의 생명체  61

올림푸스 산

화성에는 태양계에서 가장 높다고 알려진 산이 있어요. 올림푸스 산은 에베레스트 산의 두 배 높이예요.

대기

화성의 대기는 지구의 대기보다 훨씬 희박해요. 대부분 이산화탄소로 이루어져 있어 인간이 숨을 쉴 수 없어요.

타르시스 화산군

화성의 수천 킬로미터에 걸쳐 펼쳐져 있는 거대한 화산 지대예요. 거대한 화산들의 무게 때문에 화성 양쪽 지형의 높낮이가 달라요.

큐리오시티(탐사차)

매리너 협곡

그랜드 캐니언보다 세 배 더 깊은 절벽으로 화성의 한쪽을 감싸고 있는 매리너 협곡은 북미 전역으로 뻗어 나갈 수 있을 만큼 긴 협곡이에요.

화성 표면은 매우 미세한 먼지로 덮여 있어요. 산화 철(녹) 먼지로 뒤덮여 붉은빛을 띠지요.

화성의 생명체

화성에는 액체 상태의 물이 없을 뿐 아니라 대기가 희박하고 오존층이나 자기장이 거의 없어서 태양의 자외선과 방사선을 막을 수 없기 때문에 생명체가 생존하기 어려워요. 하지만 과학자들은 과거에는 환경이 달랐을 수 있다고 생각하기 때문에 화성에서 생명체의 흔적을 찾고 있어요.

화성의 중력

화성은 지구보다 중력이 약 1/3 정도 약해서 지구에서보다 훨씬 더 높이 점프할 수 있어요.

화성과의 관련성

화성은 더 작은 크기와 얇은 대기, 태양에서 더 멀리 떨어진 위치로 인해 지구와 아주 다른 환경을 가지고 있어요. 이러한 환경이 인간을 화성에서 생존하기 어렵게 만들기 때문에 화성 탐사는 매우 신중하게 계획해야 해요.

암석으로 이루어진 행성

화성의 환경

화성의 온도, 대기, 중력은 지구와 매우 달라요. 하지만 다른 면에서 두 행성은 매우 비슷하답니다. 두 행성 모두 암석으로 이루어진 표면을 가지고 있어 탐사차와 인간이 착륙할 수 있지요. 화성은 지구와 낮의 길이, 계절 패턴이 비슷해요. 또 화성에는 미래의 우주 비행사들이 물과 로켓 연료로 사용할 수 있는 얼음 상태의 물이 많이 있어요.

남쪽은 태양을 향해 기울어져 있어서 여름이고 북쪽은 겨울이에요.

계절의 주기
화성은 약간 기울어진 채로 자전해요. 이로 인해 지구와 마찬가지로 사계절이 있어요. 화성은 태양을 한 바퀴 도는 데 687일이 걸리기 때문에 한 계절이 지구보다 약 두 배 더 길어요.

표면
바위가 많은 화성의 지형은 계곡, 산, 화산 등을 가진 지구의 지형과 비슷해요. 고대 화산의 용암이 굳어 이루어진 지하 동굴은 화성 탐사대의 기지로 좋은 장소일 수 있어요.

암석으로 이루어진 행성
화성과 지구는 둘 다 암석과 금속으로 이루어져 있어요. 하지만 화성은 지구에 비해 크기가 작아서 내부의 열을 유지하지 못해 화산이나 지진 등의 강력한 지질 활동에 필요한 에너지를 모두 잃어버렸어요.

용암 동굴

화성에 대해 얼마나 알고 있나요?

화성은 지구와 아무리 가까워져도 약 5,460만 킬로미터나 떨어져 있어 밤하늘에 조그만 붉은 점으로 보여요. 과학자들은 화성을 더 자세히 볼 수 있도록 망원경을 사용해 화성에 관해 연구해요. 또한, 인간을 대신해 탐사 로봇을 화성에 보내기도 하지요.

우주 과학

화성에 대해 우리가 알고 있는 것들은 우주 과학자들의 연구 덕분이에요. 천문학자는 지구에서 화성을 연구하고 엔지니어는 우주 탐사선을 만들어 화성에 보내지요.

천문학

천문학자는 망원경을 사용해 화성을 관찰해요. 과학자는 이러한 정보를 바탕으로 화성에 대해 연구할 수 있어요.

탐사 로봇

우주 탐사선은 과학 장비를 화성으로 운반해요. 또 궤도에서 화성 표면을 촬영하거나 착륙하여 측정 및 근접 촬영을 하지요.

망원경

16

과학자들

17

탐사차

18

궤도선

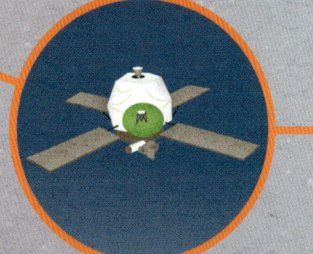

19

천문학

화성에 관해 발견한 것들

별은 제자리에 고정되어 있지만, 화성은 밤하늘을 가로질러 움직이는 몇 안 되는 밝은 행성 중 하나예요. 수 세기 동안 점성가들은 두 눈으로만 화성을 볼 수 있었기 때문에 화성에 대해 거의 알 수 없었어요. 1608년경 망원경이 발명된 후 천문학자들은 마침내 표면에 자국이 있는 작고 붉은 화성을 더 자세히 볼 수 있게 되었지요. 1960년대까지만 해도 망원경은 화성을 연구하는 유일한 방법이었답니다.

기원전 2000년

이집트의 점성가들은 화성이 행성이라고 부르는 일종의 '움직이는 별'이라는 것을 깨달았어요. 그들은 화성이 매의 머리를 한 호루스 신(고대 이집트 신화 속 하늘과 태양의 신)의 전령이라고 믿었어요.

화성에 대해 알아보기

과학자와 점성가는 화성에 대해 많은 것을 발견했어요. 가장 큰 발견은 망원경을 사용하면서 이루어졌어요. 망원경은 화성이 지구와 비슷하면서도 매우 다른 행성이라는 것을 보여 주었지요.

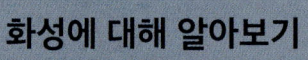

로봇이 발견한 것들

천문학 17

1666년
조반니 카시니는 망원경을 사용하여 화성의 극지방에서 극관이라고 하는 거대한 얼음 덩어리를 발견했어요. 극관은 겨울에는 넓어지고 여름에는 줄어들어요.

1784년
윌리엄 허셜은 화성의 구름이 변하는 것을 보고 지구처럼 날씨가 변화할 것이라고 생각해 화성에 생명체가 살고 있을지 궁금해했어요.

1877년
아사프 홀은 성능이 뛰어난 망원경을 사용하여 화성 궤도를 도는 두 개의 작은 위성인 포보스와 데이모스를 발견했어요.

1926년
월터 애덤스는 화성의 대기가 매우 얇고 산소나 물이 없다고 추정했어요. 이것은 화성이 춥고 건조한 사막이라는 의미였지요.

1947년
제러드 카이퍼는 화성의 공기가 대부분 이산화 탄소 기체로 이루어져 있다는 것을 밝혀냈어요. 화성에 생명체가 살 가능성이 적다는 것을 의미했지요.

화성과의 관련성
천문학자들은 망원경을 통해 먼 거리에서도 화성을 연구하고 화성에 대해 많은 것을 발견할 수 있었어요. 이 발견을 통해 우주 비행사들이 화성에서 생활하는 것이 얼마나 힘든 일일지 예측할 수 있었어요.

탐사 로봇

지난 60년 동안 인류는 우주 탐사 로봇을 보내 화성을 가까이서 탐사하고 지구로 정보를 전송해 왔어요. 궤도선은 화성 주위를 돌며 우주에서 사진을 찍고 측정하는 반면 착륙선은 화성에 착륙해서 표면에 대해 더 많은 정보를 알려 주지요. 일부 착륙선은 땅에서 움직이는 바퀴 달린 로봇인 탐사차를 싣기도 하는데 탐사차는 화성의 과거와 현재에 대해 알기 위해 여러 실험을 한답니다.

표면 탐사하기

탐사차는 수많은 컴퓨터와 카메라 그리고 특수 장비를 사용해서 화성의 암석, 토양, 기후를 연구해요. 탐사차 바퀴에는 각각 별도의 모터가 있어 만약 바퀴 하나가 돌에 걸리거나 미끄러져 멈추더라도 나머지 바퀴들은 계속 움직일 수 있어요.

큐리오시티와 퍼서비어런스

두 탐사차는 화성을 탐사한 가장 큰 탐사차이면서 성능도 뛰어나요. 같은 설계로 만들어져 매우 닮았어요. 큐리오시티는 암석에 구멍을 뚫고 분석하며 퍼서비어런스는 암석 표본을 수집해 저장하지요. 두 탐사차 모두 긴 로봇 팔로 근접 사진을 찍어요.

탐사차와 착륙선

착륙선은 한곳에 머물면서 주변 환경을 측정하는 로봇 과학 실험실이에요. 탐사차는 움직이며 표본을 수집하고 주변 환경을 촬영하면서 더 광범위하게 탐사할 수 있어요.

최초의 착륙선

두 대의 착륙선 바이킹호가 1976년에 화성에 착륙했어요. 이들은 장비를 사용해 화성의 날씨를 측정하고 생명체의 흔적을 찾았어요.

최초의 탐사차

1997년 착륙선 패스파인더가 최초의 탐사차인 바퀴 달린 소형 로봇 소저너를 화성으로 데려갔어요.

탐사 ⑲

우주에서 탐사하기

우주에는 화성으로 향한 많은 탐사 로봇이 머무르고 있어요. 어떤 것들은 행성에 근접해 지나가고 어떤 것들은 궤도에 진입하지요. 이 탐사 로봇들은 단순히 작은 면적이 아닌 행성 전체를 탐사할 수 있답니다. 표면을 지도로 만들고 대기를 측정하며 암석에서 화학 물질을 감지할 수도 있어요.

3차원 이미지
유럽 궤도선 마스 익스프레스는 다양한 각도에서 화성 표면을 촬영해요. 그런 다음, 이 사진들을 결합하여 멋진 3차원 이미지로 만든답니다.

매리너 9호가 보내온 사진에는 과거에 물이 흘렀던 흔적이 있었어요. 이것은 화성이 한때 지구와 매우 비슷했다는 것을 의미하지요.

화성과의 관련성
화성에 대해 더 자세히 알아보기 위해 우리는 화성으로 로봇 우주선을 보내지요. 궤도선은 화성을 촬영하고 인간이 임무를 수행하기에 적합한 장소를 찾아낼 수 있어요. 착륙선은 화성 탐사에 필요한 조건을 연구하고 기술을 시험할 수 있어요.

최초의 궤도선
다른 행성의 궤도에 진입한 최초의 우주 탐사선은 매리너 9호예요. 1971년에 화성 궤도에 진입해 우주에서 촬영한 화성의 고해상도 사진을 보냈어요.

비행 방문
1965년 매리너 4호는 최초로 화성에 근접해 촬영한 사진을 보내왔어요. 이 사진으로 화성 표면에 수많은 운석 충돌구가 있으며 생명체가 살 수 없다는 것을 알게 되었어요.

화성 착륙
 ㉜

물을 찾아서
쌍둥이 탐사차 스피릿과 오퍼튜니티는 화성의 물을 연구하도록 설계되었어요. 과거 화성에 액체 상태의 물이 흘렀다는 다양한 증거를 발견했지요.

북쪽 탐사
2008년, 피닉스 화성 착륙선이 화성의 북쪽 지역에 착륙했어요. 팔에 달린 갈고리를 사용하여 표면 바로 아래에서 얼음 상태의 물을 발견했어요.

토양 연구
중국 최초의 화성 탐사차 톈원 1호가 2021년 화성에 착륙했어요. 톈원 1호는 1년 동안 화성의 토양과 대기를 조사했지요.

화성에 어떻게 갈까요?

화성에 가려면 매우 강력한 로켓이 필요할 거예요.
인간이 지금까지 여행한 가장 먼 우주는 달이고,
화성은 달보다 적어도 130배 더 멀리 떨어져 있어요.
화성으로의 여행에는 연료도 많이 필요하지만,
수년간의 준비와 훈련도 필요해요.

화성 탐사

화성 탐사는 여러 달이 걸리는 위험한 임무가 될 거예요. 우주 비행사는 자신을 보호하고 편안한 생활 환경을 제공하는 우주선이 필요해요.

준비

화성에 가려면 수년간의 탐사 계획을 세우고 우주선도 개발해야 해요. 또한, 우주 비행사도 수개월의 훈련이 필요해요.

로켓

우주 비행사가 지구에서 화성으로 가려면 우주선은 아주 거대하고 강력한 엔진인 로켓이 필요해요.

계획
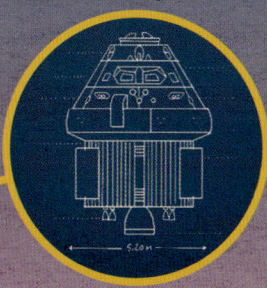
22

훈련

24

지구를 떠나

26

화성으로의 비행

27

언제 가야 할까요?

화성으로 출발하기 가장 좋은 시기를 고르는 것은 여행 기간에 큰 영향을 준답니다. 지구와 화성은 이따금 서로 가까워져요. 그래서 과학자와 엔지니어는 화성 탐사 계획의 하나로 가까워지는 시기가 언제일지 알아내야 해요. 또한, 화성에 얼마나 머무를지도 결정해야 해요. 지구와 화성이 여전히 가까이 있는 동안 화성에 짧게 방문하고 지구로 돌아가야 할지, 아니면 두 행성이 다음번에 다시 가까워질 때까지 오랫동안 머무를지 말이에요.

화성에 도착하기까지 최대 9개월

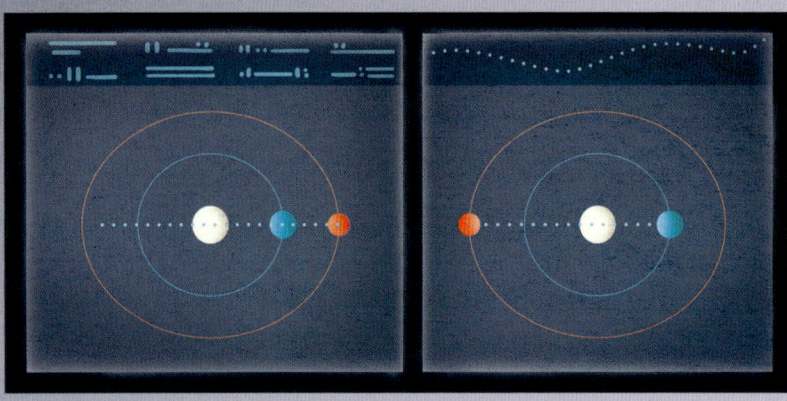

서로 가까워질 때
지구와 화성은 서로 다른 속도로 태양 주위를 공전하지만 대체로 26개월마다 가까워져요. 이 현상을 '충'이라고 하는데 이 시기가 화성 여행에 가장 적합한 시기랍니다.

로켓 발사

26

발사
화성은 궤도를 따라 시속 수만 마일의 속도로 이동하기 때문에 화성까지 우주선을 직선으로 쏘아 올릴 수 없답니다. 대신 몇 달 후 화성이 있을 지점을 예상해 발사해야 해요.

달 주변의 궤도에서 화성으로 출발

다음 화성 탐사 시기
2035 2050 2067

화성 탐사에 가장 좋은 시기

태양 주위를 도는 화성의 궤도는 원보다 달걀 모양에 가까워서 화성은 지구에서 멀리 떨어져 있을 수 있어요. 이것은 지구에서 화성까지의 이동 시간이 많이 달라질 수 있다는 뜻이에요. 가장 좋은 발사 시기는 화성이 지구뿐 아니라 태양에도 더 가까울 때지요.

지구로 돌아오려면 16개월 대기

도착

화성으로 향하는 우주선은 화성에 도착하는 시간을 완벽하게 맞춰야 해요. 그렇지 않으면 화성을 완전히 놓칠 수 있어요! 이때 우주선은 화성 궤도에 진입하기 위해 속도를 변경하고 줄여야 해요.

화성 도착

우주 비행 관제 센터

우주 비행 관제 센터에서 일하는 수백 명의 사람들이 화성으로 가는 임무의 전 과정을 계획하고 관찰해요. 우주 여행의 모든 과정들은 출발하기 훨씬 전부터 완벽하게 계획되지요.

화성과의 관련성

지구와 화성이 언제 서로 가까워질지 아는 것은 매우 중요해요. 이것은 여행 기간을 더 짧게 유지하는 데 도움이 되고 그렇게 되면 임무 수행에 드는 비용과 연료를 절약할 수 있게 되지요. 또한, 여행하는 우주 비행사의 건강에 대한 위험도 줄어든답니다.

준비와 훈련

우주여행을 위한 수개월의 준비뿐 아니라 화성 탐사 임무에는 수년간의 준비가 필요해요. 엔지니어, 과학자, 의사, 연구 참여자는 모든 것이 가능한 한 안전하도록 여행의 전 과정을 하나하나 테스트하고 대비한답니다. 우주 비행사는 우주 항해 중에 그리고 화성에서 만날 수 있는 모든 상황과 환경에 미리 대비해 훈련하지요.

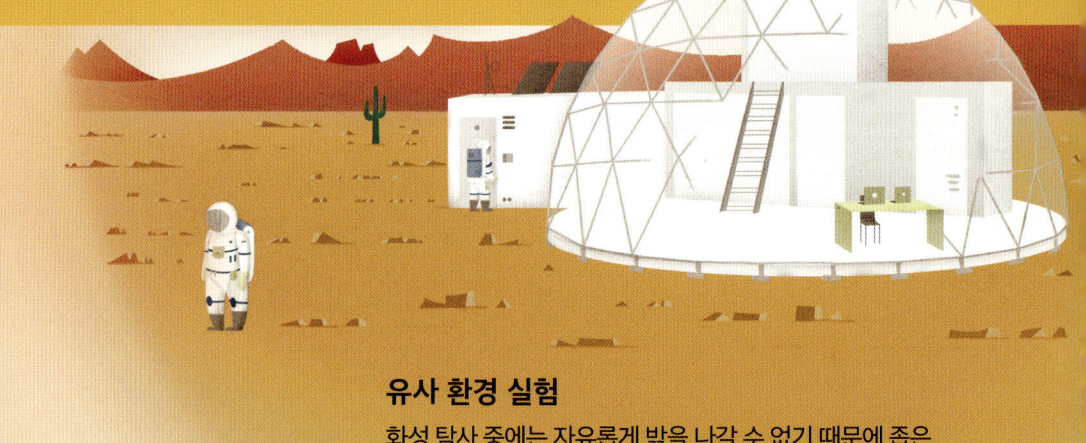

유사 환경 실험

화성 탐사 중에는 자유롭게 밖을 나갈 수 없기 때문에 좁은 공간에서 함께 생활해야 해요. 연구 참여자는 지구에서 이와 비슷한 환경으로 수개월을 보내면서 과학자들이 더 안전하고 효율적인 탐사 환경을 만들도록 도움을 주지요.

모의 훈련

지구의 어느 곳도 화성과 똑같은 곳은 없지만 아마도 건조한 사막이 가장 비슷할 거예요. 우주 비행사는 사막에서 화성과 꽤 비슷한 조건으로 훈련할 수 있어요. 우주복이 화성에서 해야 할 작업에 적합한지도 테스트할 수 있어요.

준비 25

가상 현실 훈련

우주 비행사는 가상 현실을 이용해 훈련할 수 있어요. 가상 현실 훈련 시스템을 통해 실제와 유사한 우주 공간, 우주선 내부, 행성 표면 등을 체험할 수 있답니다.

비행 시뮬레이터

비행 시뮬레이터를 통해 우주선 발사, 착륙 및 기타 주요 과정들을 훈련해요. 우주 비행사는 모든 상황에 대비할 수 있도록 이러한 훈련을 수백 번 반복하지요.

무중력

우주에는 중력이 없어서 우주 비행사는 지구를 벗어나면 무중력 상태가 될 거예요. 지구에서도 지면을 향해 빠르게 급강하하는 특별한 항공기로 무중력 상태를 체험할 수 있어요. 항공기 안의 모든 것이 무중력 상태가 되어 둥둥 떠다니지요.

우주복

36

우주 유영

우주 비행사는 깊은 수영장의 저중력 또는 무중력 상태에서 우주 유영 및 작업 훈련을 할 수 있어요. 물의 부력(물속에서 물이 위로 밀어 올리는 힘)이 우주복을 들어 올려 우주에 있는 것처럼 떠다닌답니다.

학생과의 관련성

우주 비행사는 여행하는 동안 지구로부터 거의 도움을 받지 못할 거예요. 그래서 모든 임무에 잘 훈련되어 있어야 해요. 과학자, 엔지니어, 연구 참여자는 모든 장비가 안전하게 제대로 작동하는지 확인하기 위해 꼭 테스트를 거쳐요.

26 로켓

로켓을 타고

화성에 가는 가장 현실적인 방법은 로켓을 이용하는 거예요. 로켓으로 우주 비행사를 태운 우주선을 우주로 보낼 수 있지요. 로켓은 추진제라고 하는 내부의 화학 물질을 빠르게 태워 엄청난 양의 뜨거운 가스를 로켓 아래쪽으로 분사해요. 그러면 이에 대한 힘의 반작용으로 로켓과 우주선이 하늘로 솟아올라요. 로켓은 공기를 태울 필요가 없어서 지구와 화성 그리고 텅 빈 우주를 포함하는 다양한 조건에서 작동할 수 있어요.

로켓의 발사 중단 시스템은 비상 상황에서 우주선을 안전하게 분리할 수 있어요.

발사체

우주선은 발사체 위에 있어요.

부스터

궤도 진입

로켓은 빠른 속도로 지구 중력을 벗어나 우주로 나아가고 인공위성, 우주 탐사선, 유인 우주선 등을 원하는 궤도에 올려놓는답니다.

부스터

- 우주선
- 2단계 로켓
- 단 연결 장치
- 1단계 로켓

지구에서 벗어나기

로켓은 현재까지 우주로 가는 유일한 방법이에요. 우주 공간으로 우주선 등을 운반하는 데 사용되는 로켓을 발사체라고 해요. 발사체는 많은 양의 뜨거운 가스를 뒤로 분사해 그 반작용으로 우주에 도달할 때까지 앞으로 나아가요.

다단 로켓

로켓 발사체는 여러 단으로 만들어져요. 각 단은 엔진과 추진제를 가지고 있어요. 이 단들은 차례로 발사돼요. 1단계 로켓의 연료가 소모되면 떨어져 나가면서 발사체의 무게가 줄어들지요.

1단계 로켓과 부스터 로켓이 함께 발사되면서 발사체를 지상에서 밀어내요.

부스터 로켓은 연료가 소모되면 분리되어 떨어져요.

로켓 27

우주여행 30

우주선 제작
대형 우주선이 우주 비행사들의 화성 여행을 책임질 거예요. 유인 화성 우주선은 지구에서 가져온 부품을 사용하여 조립되지요.

루나 게이트웨이
소형 우주선을 탄 우주 비행사들이 루나 게이트웨이 우주 정거장에 도착해요. 루나 게이트웨이는 지구 궤도가 아닌 달 궤도에 건설될 최초의 우주 정거장이에요. 화성 탐사를 위한 전초 기지가 될 거예요.

거대한 연료 탱크

유인 화성 우주선

우주 비행사 탑승
우주 비행사들은 루나 게이트웨이에서 유인 화성 우주선에 탑승해요. 거대한 우주선의 엔진이 우주선을 달 궤도에서 화성으로 발사해요.

우주 비행사의 생활 공간

화성과의 관련성
지구에서 벗어나 원하는 궤도에 진입하려면 강력한 로켓이 필요해요. 로켓은 우주선이 속도나 방향을 바꿔야 할 때도 사용된답니다. 우주 정거장에 있는 또 다른 우주선이 우주 비행사를 화성까지 데려갈 계획이지요.

발사체 가장 윗부분에 있는 발사 중단 시스템이 작동해요.

우주선과 2단계 로켓이 쓰임을 다한 1단계 로켓에서 분리돼요.

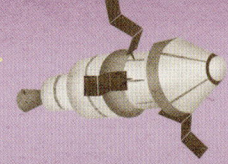
우주선이 태양 전지판을 열어 태양열을 연료로 이용해요.

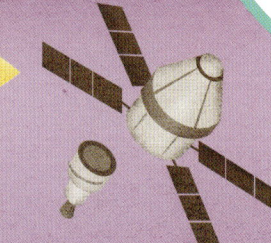
2단계 로켓이 떨어져 나가면서 우주선은 지구 궤도를 벗어나 우주로 계속 나아가지요.

여정은 어떻게 될까요?

화성으로 가는 여행은 우주선에서만 몇 달이 걸릴 거예요. 우주 비행사들은 무중력 상태에서 먹고 자는 것부터 건강을 돌보는 일까지 여러 가지 어려움을 만나게 될 거예요. 화성에 도착하면 화성 대기를 통과해 빠르게 하강하는 상황도 견뎌야 하지요.

우주여행

인간은 아직까지 우주에서 이렇게 멀리, 이렇게 오래 여행한 적이 없어요. 우주선에는 식량, 장비, 로켓 연료를 포함하여 여행에 필요한 모든 것을 실어야 해요.

우주 비행

우주 비행사는 장기적인 무중력 생활에 적응해야 해요. 또한, 우주 비행의 위험에 대해서도 대비해야 해요.

우주선 생활

30

위험 요소들

31

착륙

화성 궤도에서 우주 비행사는 화성의 표면으로 안전하게 착륙할 수 있도록 설계된 착륙선으로 이동해요.

안전한 착륙

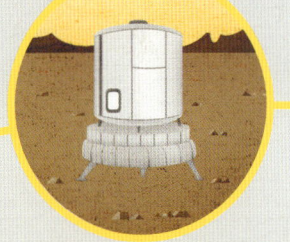

32

탐사

33

우주여행

우주 비행사는 대형 우주선인 유인 화성 우주선을 타고 수개월에 걸쳐 화성으로 떠나게 돼요. 유인 화성 우주선은 우주로 공기가 빠져나가는 것을 막고 우주선 안의 모든 것을 보호할 수 있는 강력한 금속으로 만들어질 거예요. 여러 공간으로 나뉘어질 예정이며, 그중 하나는 우주 비행사가 생활하고 일할 수 있는 공간이 될 거예요. 우주 비행사들은 화성으로 가는 긴 여행 동안 자신의 임무에 집중하면서 건강하게 생활해야 해요.

무중력

유인 화성 우주선의 로켓은 화성으로 향하는 동안 대부분 꺼져 있어요. 그러면 무중력 상태가 되기 때문에 우주선 안의 모든 것이 둥둥 떠다니지요.

우주에서의 수면

우주선에는 각 우주 비행사들이 독립적으로 잠을 잘 수 있는 수면 캡슐이 있어요. 무중력 상태에서 몸이 떠다니는 것을 방지하기 위해 수면 캡슐 내부에는 몸을 고정하는 장치가 있어요.

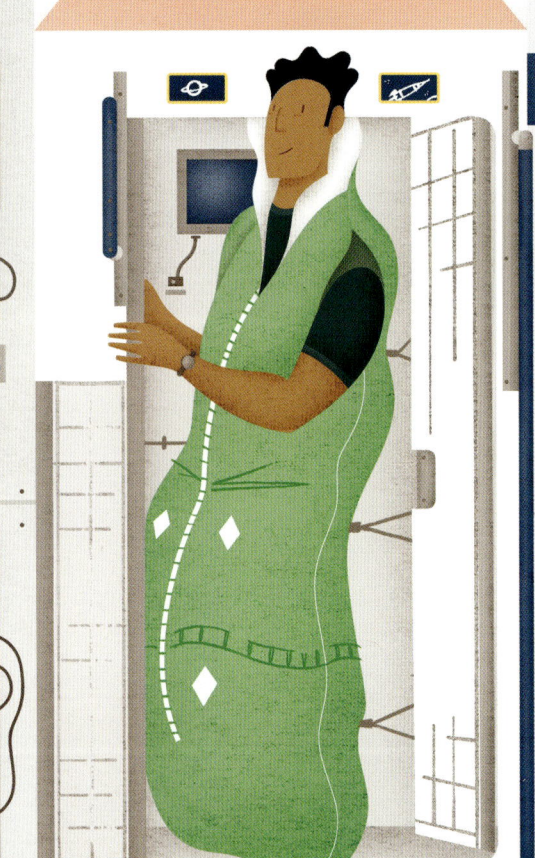

식량 및 음료

장기간 보관이 가능하고 무게와 부피를 줄일 수 있도록 수분을 제거한 동결 건조 식품을 무중력 환경에서도 섭취하기 쉽도록 특별히 만들어진 용기나 포장재에 보관해요.

협력하기

39

어울려 지내기

수개월 동안 매일 같은 사람들을 보는 것은 지루한 일일 수 있어요. 음악, 영화, 책, 게임은 우주 비행사에게 사생활을 제공하고, 눈앞에 닥친 불안에서 벗어나게 해 줄 뿐 아니라 팀에 대한 유대감을 형성하는 데 도움이 될 수 있어요.

우주 비행 31

우주 의학
장기간 무중력 상태에 있으면 우주 비행사의 근육과 뼈는 약해져요. 우주 비행사는 건강상의 문제를 예방하기 위해 다양한 약과 보충제를 먹어야 해요.

우주선 생활
우주선 안의 조명은 지구의 낮과 밤을 따라요. 이를 통해 우주 비행사들은 지구와 같은 일상을 유지하고 우주 생활에 적응할 수 있어요. 우주 비행사들이 업무를 수행하고 쉴 수 있도록 우주선의 임무를 계획하고 실행하는 전문가인 미션 플래너가 일정을 관리하지요.

태양열 위협
우주 공간은 진공 상태이기 때문에 태양에서 방출되는 강렬한 열은 아주 위험해요. 또 태양에서 방출하는 다양한 종류의 방사선도 조심해야 해요. 우주선은 단열재와 반사 코팅을 사용하고 방사선 차폐 기능을 갖추어 우주 비행사들을 보호해요.

방사능
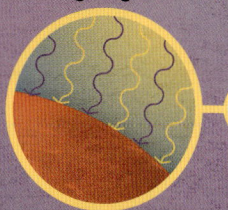
36

규칙적인 운동
우주 비행사를 바닥에 고정하는 끈은 중력과 비슷한 효과를 내요. 이 끈을 이용하면 근육에 필요한 운동을 할 수 있어요.

모든 것을 재활용해요!
장거리 우주여행에서는 물 공급이 제한되지요. 유인 화성 우주선의 변기는 소변에서 물을 채취해 정화한 후 식수로 재활용하도록 설계되었어요. 대변은 압축해서 보관한 다음 우주로 방출해요.

화성과의 관련성
우주 비행사는 화성에 도착하는 즉시 임무를 수행할 수 있도록 화성으로 가는 동안 건강과 체력을 유지해야 해요. 우주선에는 장거리 여행에 필요한 모든 것이 준비되어 있을 거예요.

착륙

화성으로 하강

화성 궤도에 진입하면 우주 비행사는 화성 표면으로 내려가야 해요. 이것은 화성 탐사에서 가장 어려운 부분 중 하나랍니다. 유인 화성 우주선은 착륙을 위해 제작된 것이 아니어서 착륙선이라고 하는 특수 우주선으로 갈아타야 해요. 이 착륙선은 화성 대기권을 빠르게 통과할 때 발생하는 열로부터 우주 비행사를 보호하지요. 착륙선은 로켓을 사용하여 속도를 조절해 이 새로운 행성의 표면에 부드럽게 닿을 수 있어요.

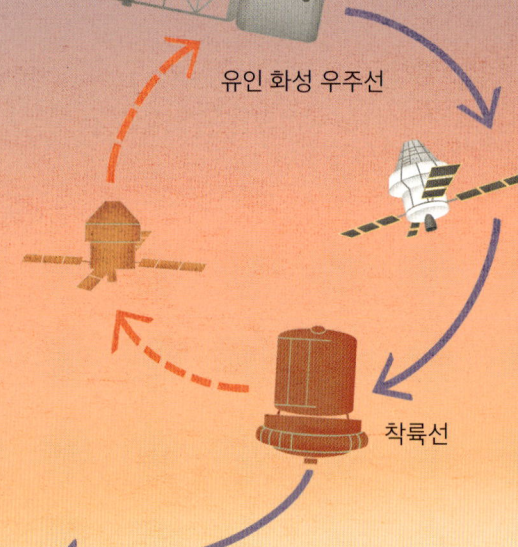

유인 화성 우주선

착륙선에 합류하기

착륙선은 유인 우주선이 지구를 떠나기 전에 화성 궤도로 보내져요. 유인 화성 우주선이 화성 궤도에 진입하면 우주 비행사들은 소형 우주 캡슐을 이용해 착륙선으로 이동해요. 캡슐은 다시 우주선으로 돌아가지요.

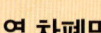

착륙선

화성의 대기

화성의 대기 밀도는 빠르게 움직이는 우주선에는 어느 정도 저항을 줄 수 있지만 낙하산을 펼쳐 안전하게 착륙할 만큼은 아니에요.

열 차폐막

착륙선은 표면으로 떨어지면서 잠시 속도를 줄여요. 원뿔 모양의 열 차폐막이 부풀어 올라 착륙선이 대기권에 진입할 때 너무 뜨거워지는 것을 막아 주지요.

역추진 로켓

착륙선은 대기 하층에 도달할 때까지 속도를 줄여요. 바닥에 있는 역추진 로켓이 위로 발사되면서 하강 속도를 더 늦춘답니다.

지구로

안전한 착륙

착륙선의 맨 아래에 있는 다리가 표면 바로 위로 펼쳐지면서 화성 표면에 착륙할 때의 충격을 완화해 주지요.

표면에서

열 차폐막을 수축시키면 열 차폐막은 착륙선 바닥으로 다시 들어가고 착륙선의 다리는 표면에 수평으로 놓이도록 조정되지요.

착륙 33

화성 착륙

착륙선은 생활 공간이자 실험실이기도 하며 화성 탐사의 첫 번째 기지가 될 거예요. 탐사 차량과 같은 장비는 우주 비행사가 도착하기 전 미리 보내져요.

화성과의 관련성

우주선에서 화성 표면까지의 여정은 정확한 계획이 필요해요. 우주 비행사는 화성에 착륙해 꿈에 그리던 최초의 실험과 탐사를 시작할 수 있어요.

첫 접촉

우주 비행사는 착륙 후 시스템과 장비를 테스트해야 해요. 그런 다음 특수 설계된 우주복을 입고 처음으로 외계 행성의 표면에 발을 디딜 수 있어요.

접근 각도

착륙선이 표면에 안전하게 도달하려면 정확한 각도로 접근해야 해요. 대기권 진입 각도가 너무 크면 타 버릴 수 있고 너무 작으면 대기권에서 튕겨 나와 다시 우주로 되돌아갈 수 있어요.

서식지

41

화성에서 어떻게 살아갈까요?

우주 비행사는 화성의 혹독한 환경에서 살아남기 위해 특수 우주복을 입어야 해요. 새로운 보급품을 얻기에는 지구에서 너무 멀리 떨어져 있어서 가능한 모든 것을 미리 준비해 가야 하고 다른 필요한 것들은 찾거나 만들어야 해요.

착륙

화성에서의 보호

우주복은 기지와 차량 밖에서 인간이 생존하는 데 필수적이에요. 우주복은 우주 비행사의 체온을 유지해 주고 위험한 방사능으로부터 안전하게 보호해 주지요. 화성에서 입을 우주복의 디자인은 과거에 만들어진 어떤 것과도 달라야 해요. 화성 중력에서 쉽게 움직일 수 있도록 더 가볍고 유연하게 만들어야 해요. 또한, 우주 비행사가 작업할 때 찢어지거나 기타 사고의 위험에 노출되지 않도록 더 튼튼하게 만들어야 해요.

우주복 디자인

화성의 우주복은 보호 기능을 제공하면서 작업하기 편하게 만들어야 해요. 단단한 헬멧과 몸통을 감싸는 상반신, 관절처럼 자유롭게 움직이는 팔과 다리, 생명 유지 장치가 꼼꼼하게 연결되어야 하지요. 모든 부분을 빈틈없이 막아야 우주 공간에서 안전하게 활동할 수 있답니다.

밝은 조명은 우주 비행사가 어두운 환경에서 작업하는 데 도움이 돼요. 카메라는 우주 비행사가 보는 것을 녹화해요.

헬멧에는 마이크와 스피커가 장착되어 있어 서로 소통할 수 있어요.

헬멧

강한 플라스틱 돔은 우주복 내부의 공기 압력을 견뎌 내기에 가장 좋은 형태예요. 또한, 충격으로부터 머리를 보호해 주지요.

투명한 돔은 넓은 시야를 확보해 줘요.

장갑은 도구를 잡고 암석을 수집하기 쉽도록 튼튼하면서도 부드러워야 해요.

방사능

지구와 달리 화성은 대기가 얇고 자기장이 없어요. 이것은 태양에서 나오는 위험한 방사선과 작지만 빠르게 움직이는 우주 입자를 차단할 수 없다는 뜻이에요. 우주복은 이러한 종류의 방사선으로부터 우주 비행사를 보호하도록 설계된답니다.

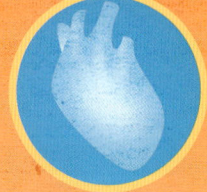

건강

착륙 37

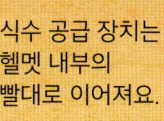

우주 비행사가 호흡할 수 있도록 우주복에 산소를 주입해요.

우주 비행사가 숨쉴 때 내뿜는 이산화 탄소를 걸러 줘요.

식수 공급 장치는 헬멧 내부의 빨대로 이어져요.

독성 대기

화성의 얇은 공기는 대부분 이산화 탄소로 이루어져 있어요. 이산화 탄소는 대량일 경우 인체에 독이 되는 기체이기 때문에 우주 비행사는 호흡할 수 있는 산소를 공급받는 것이 매우 중요해요.

생명 유지 장치

각 우주복에는 생명 유지 장치를 제공하는 배낭이 딸려 있어요. 이 배낭은 우주 비행사에게 깨끗한 공기, 마실 물, 체온 조절을 위한 냉난방을 제공하지요.

테라포밍 → 58

극한의 온도

화성의 날씨는 20℃까지 올라갈 수 있지만, 일반적인 기온은 매우 낮아요. 밤에는 영하 150℃까지 내려갈 수도 있답니다. 우주복 내부의 얇은 튜브를 통해 유입된 따뜻한 물이 체온을 유지하는 데 도움을 주지요.

화성과의 관련성

영하의 기온, 유독한 공기, 위험한 방사선으로 인해 인간은 화성에서 우주복 없이 생존할 수 없어요. 특수 설계된 우주복은 우주 비행사가 체온을 유지하고 숨을 쉬고 안전하도록 보호해 주지요.

건강 유지

화성에 도착해 지구로 돌아가기까지의 긴 여정과 화성의 환경은 우주 비행사의 몸과 마음에 여러 가지 문제를 일으킬 수 있어요. 우주 비행사가 멀리 떨어진 지구와 소통하며 성공적인 임무를 수행하기 위해서는 건강을 유지하는 것이 매우 중요해요. 우주 비행사는 건강에 문제가 없는지 검사받고 스트레스에 대처하도록 훈련받겠지만, 지구의 우주 비행 관제 센터에 있는 의사가 계속해서 우주 비행사를 관찰하고 필요한 경우 치료해야 해요.

화성에 적응하기

우주 정거장으로 가는 임무에 참여한 의사는 무중력 상태에서 여행에 뒤따르는 문제점이 무엇인지 알게 되었어요. 이를 통해 화성으로 갈 우주 비행사에게 필요한 여러 가지 치료법을 고안할 수 있게 되었어요.

뇌 건강

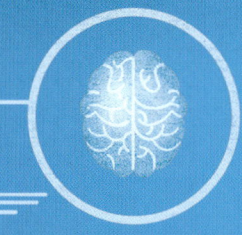

우주 비행사가 화성에 착륙해 중력에 다시 익숙해져도 뇌는 변화를 일으킬 수 있어요. 이로 인해 어눌해지거나 방향 감각을 잃는 문제가 발생하기도 해요.

폐

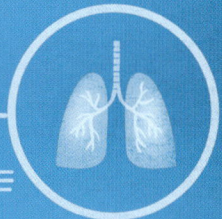

우리의 호흡 체계는 우주여행에 잘 적응하는 몇 안 되는 것 중 하나랍니다.

심장과 혈액

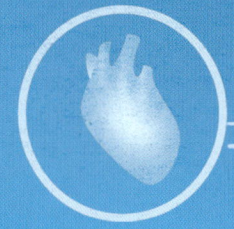

몸 전체로 피를 주입하는 심장은 우주에서 약해질 수 있어요. 이로 인해 우주 비행사가 화성에 도착하면 약간의 어지러움을 느낄 수 있지요.

뼈 건강

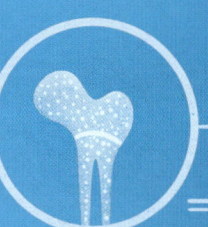

햇빛은 건강한 뼈를 만드는 데 도움이 돼요. 하지만 화성의 햇빛은 인간에게 위험하므로 우주 비행사는 뼈를 튼튼하게 유지하기 위해 비타민제를 복용해야 해요.

면역 체계

감염과 싸우는 면역 세포는 우주 비행을 하는 동안 약해져 감염이나 상처로부터 회복하기가 어려워져요. 그래서 우주선 내에 약품을 충분히 비축해 두어야 해요.

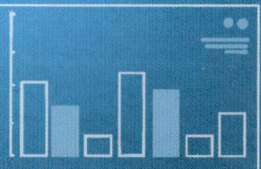

화성인 되기

보호

화성과의 관련성

지구로부터 멀리 떨어져 있다는 것은 우주 비행사가 다치거나 병에 걸려서는 안 된다는 것을 의미해요. 화성 탐사를 무사히 마치려면 우주 비행사의 건강을 지원하기 위해 의사, 로봇, 컴퓨터가 필요해요.

오락

음악, 게임, 전자책, 영화는 우주 비행사가 스트레스를 푸는 데 도움이 돼요. 지구에 있는 친구와 가족이 보내는 정기적인 편지도 힘이 될 거예요.

스트레스에 대처하기

화성에서의 긴 탐사는 우주 비행사에게 큰 스트레스가 될 거예요. 지구로부터 멀리 떨어져 있고 서로 좁은 공간에 갇혀 있어 작은 실수가 큰 위험으로 이어질 수도 있어요. 그러므로 긴장을 풀고 압박감을 덜어 낼 방법이 필요해요.

업무 일정

우주 비행 관제 센터는 우주 비행사의 정기적인 업무, 휴식, 수면 시간을 계획해요. 여기에는 과학적인 연구 외에 요리, 청소와 같은 일상적인 집안일도 포함되지요.

건강 유지

화성에서의 운동은 우주 비행사의 체력과 지구력을 높여 주지요. 또한, 스트레스 수치를 낮추고 집중력을 유지하는 데 도움이 돼요.

자원 찾기

화성에는 인간이 화성에서 생존하는 데 필요한 많은 자원이 있어요. 그중 하나는 토양에 있는 얼음을 녹여 물을 얻을 수 있어요. 이 물은 식수로 사용될 뿐만 아니라 호흡용 산소와 발전소, 심지어 로켓의 연료로 가공할 수 있어요. 문제는 이러한 자원에 접근하는 것이지요. 이러한 자원을 최대한 활용하려면 우주 비행사는 독창적인 기술로 많은 시간을 들여 작업해야 해요.

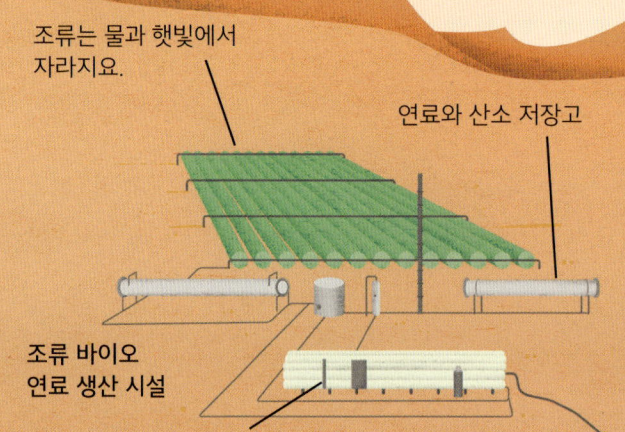

조류는 물과 햇빛에서 자라지요.

연료와 산소 저장고

조류 바이오 연료 생산 시설

농축기는 화학 폐기물을 추출해요.

연료 생산

로켓 연료는 지구에서 가지고 온 식물성 조류를 사용해 화성에서 만들 수 있어요. 이들은 화성 공기에서 이산화 탄소를 영양분으로 흡수하며 자라지요. 그런 다음 미생물 대장균의 먹이로 공급하면 폐기물로 화학 물질과 산소를 만들어 연료로 쓸 수 있답니다.

물 채굴

화성의 토양에는 최대 50%의 얼음이 섞여 있는 곳도 있어요. 토양에 구멍을 뚫고 주변을 가열해 녹은 물을 표면으로 끌어 올려요. 순수한 물을 얻기 위해서는 세심한 처리가 필요해요.

산소 추출

산소를 만들기 위해서는 먼저 전기를 사용해 밀폐된 탱크에서 물 분자(H_2O)를 분리해요. 이 과정에서 산소(O)와 수소(H) 기체가 발생하면 이를 수집해 저장하지요.

자원 41

전기

인간이 화성에서 생활하고 일하기 위해서는 전력이 필요해요. 화성의 햇빛과 바람이 약할 수 있으므로 우주비행사는 충분한 전력을 생산하기 위해 다양한 기술을 사용해야 해요. 이를 위한 장비는 인간보다 먼저 화성에 도착해 있을 것이고 로봇이 이러한 장비를 조립할 수도 있어요.

기지 건설 → 48

태양 전지판이 태양빛을 최대한 흡수할 수 있도록 화성 먼지를 없애야 해요.

터빈은 약한 화성 바람으로도 전기를 만들 수 있도록 가벼워야 해요.

미니 원자로의 열은 물을 끓여 증기를 만들어요. 이렇게 하면 작은 터빈이 돌면서 전기를 생성하지요.

서식지

포드 서식지는 화성에서 인간이 거주할 수 있도록 설계된 일종의 이동식 또는 확장 가능한 거주 공간을 말해요. 화성의 극한 환경으로부터 인간을 보호하고 필요한 자원을 제공해 준답니다.

건축 자재

기지가 점점 커지면 대형 3D 프린터가 새로운 건물을 지을 수 있어요. 가열하고 분쇄한 화성 암석과 지구에서 가져온 금속을 혼합해 만들어요.

화성광의 관련성

인간은 물, 산소, 에너지, 연료를 얻어야만 화성에서 생존할 수 있어요. 지구에서 충분한 자원을 가져갈 수 없으므로 화성에서 자원을 찾아 이용해야 해요.

42 이동 수단

화성에서의 이동 수단

화성은 지구보다 작지만 탐사하기에는 여전히 큰 곳이에요. 우주 비행사들은 생존에 필요한 것을 찾고 여러 지역을 탐사하기 위해 다양한 이동 수단이 필요해요. 바퀴 달린 차량은 먼 거리 여행을 가능하게 하고 장기 탐사를 위한 이동식 기지 역할도 할 수 있어요. 비행 로봇 드론과 원격 제어 탐사차는 주변 환경에 대한 정보를 수집해서 더 자세한 조사가 필요한 지역을 선택하는 데 도움을 줘요.

글라이더 드론

태양열을 이용하는 가벼운 드론으로 카메라와 기타 기기를 하늘 높이 띄워 주변 풍경을 조사해요.

주변 이동

짧은 여행을 할 때 우주 비행사는 오픈 버기를 탈 수 있어요. 우주복을 입은 사람들을 위한 넓은 좌석과 장비 및 암석 표본을 보관할 수 있는 수납 공간도 있어요. 각 바퀴에는 거친 지면 위를 굴러갈 수 있도록 바퀴마다 전기 모터와 서스펜션(차체의 무게를 받쳐 주는 장치)이 있어요.

편안한 탐사

탐사는 넓은 지역을 빠른 속도로 이동하기 위해 여압 장치(압력 조절 장치)가 딸린 차량을 이용해요. 이 장치로 인해 차량 내부에 있는 동안 일상복을 입을 수 있어요.

탐사차

18

이동 수단 43

대기 탐사 기구
화성 기구(Mars balloon)는 헬륨이나 수소 같은 가벼운 기체로 채워진 풍선으로, 화성의 대기를 떠다니며 기상 데이터를 수집하거나 과학 장비를 운반해요.

공중 이동
날개가 빠르게 회전하는 소형 헬리콥터 드론은 짧은 비행으로 연구와 잠재적 자원 탐사에 가능성이 있는 지역을 발견하지요. 또한, 안전을 위해 앞쪽 지형도 확인해요.

탐사 → 46

이동 중 생활
장거리 탐사의 경우 우주 비행사는 몇 주 동안 보급품을 운반할 수 있는 대형 가압 차량을 사용해요. 차 안에 우주복, 로봇, 소형 차량도 실어요.

지원 로봇
바퀴 달린 로봇은 장비 운반, 촬영 등 다양한 작업을 하며 우주 비행사를 도울 수 있어요.

화성광의 관련성
우주 비행사들이 화성에 대해 더 많이 알고 화성에서 생존하는 데 필요한 자원을 찾으려면 화성에서의 이동 수단이 꼭 필요해요. 비행 로봇은 탐사 가능한 장소에 대해 많은 정보를 제공해 줄 수 있어요.

화성에서 영원히 살 수 있을까요?

화성에 터전을 꾸리고 살아가는 것은 짧은 탐사 임무보다 훨씬 더 큰 도전이 될 거예요. 지구에서 지원을 받기가 어려우니 모든 것을 화성에서 자급자족해야 해요. 화성 정착민들은 환경에 적합한 집을 짓고 먹거리를 생산하고 전력을 공급하고 위험에서 벗어날 방법을 찾아야 해요.

정착지

화성에서 계속 살기 위해서는 인간이 살기에 적합한 장소를 찾아야 해요. 하지만 문제는 그곳이 어디에 있느냐 하는 거예요. 화성의 지형은 화산, 분화구, 협곡, 극관 등 지구와 마찬가지로 다양하지요. 또한, 계절과 날씨 변화가 극심한 특정 지역은 살기 어려울 수 있어요. 탐사 로봇과 인간의 임무는 최고의 선택을 할 수 있도록 모든 지역을 조사하는 거예요.

최적의 장소

정착해 살기 위한 장소는 많은 것들을 충족해야 해요. 편안히 쉴 수 있어야 하고 얼음에 접근해 물, 공기, 연료를 만들 수 있어야 하고, 전력을 공급할 수 있는 안정적인 햇빛도 있어야 해요. 하지만 어느 한 장소도 이 모든 조건을 완벽하게 충족할 것 같지는 않아요.

화산

화성의 화산은 대부분 활동을 멈춘 것으로 알려져 있어요. 고대 용암이 흘러내리면서 만들어진 동굴이 남아 있지요. 이곳은 화성 정착민의 주거지가 될 수 있어요.

뜨거운 암석

활동을 멈춘 화산 주변의 암석은 여전히 뜨거울 수 있어요. 정착민들은 차가운 물을 펌프질하여 암석으로 통과시켜 에너지를 만들 수 있지요. 이 과정에서 발생한 증기가 터빈을 움직여 전기를 만들 거예요.

장소 탐색

우주 비행사는 시간을 들여 기지로 사용할 수 있는 장소를 탐색해야 해요. 우주 비행사의 탐색은 사람들이 장기적으로 살기에 가장 적합한 장소를 결정하는 데 큰 도움이 될 거예요.

정착

산악 지대
화성 남쪽의 대부분은 분화구(화산이 폭발하면서 만들어지는 구멍) 지형이에요. 붉은 먼지 아래에 얼음 상태의 물이 숨겨져 있지만, 겨울철 매서운 추위와 적은 햇빛으로 인해 인간이 살기 어려워요.

기지 건설

분화구
남쪽의 헬라스 분지와 같이 그릇 모양으로 파인 깊은 분화구에서는 인간이 살 수 있을지도 몰라요. 이런 모양의 분화구는 방사선을 막아 주는 자연적인 방어막 역할을 해요.

적도
화성의 적도 지역은 화성에서 가장 따뜻해서 살기에 좋아요. 또한, 안정적으로 햇빛을 받을 수 있어 태양열을 생산할 수 있어요. 하지만 이곳의 토양은 물을 얻을 수 있는 얼음이 적고 건조해요.

화성광의 관련성

화성에 정착하려면 햇빛과 물을 충분히 얻을 수 있는 장소를 찾는 일이 매우 중요해요. 일부 전문가들은 적도와 북극 사이의 지역이 가장 안전할 거라고 생각하지요.

기지 건설

화성에 정착하려면 사람들이 살아가기 위한 다양한 종류의 건물이 필요해요. 여기에는 화성의 자원을 추출해서 다양한 물질로 생산하고 활용하는 주거 시설, 식량 재배를 위한 온실, 발전소, 공장 등이 포함되지요. 사람들이 오랫동안 사용하는 모든 건물은 난방, 호흡 가능한 산소 공급, 위험한 방사선 차단 등 화성의 환경으로부터 보호할 수 있는 기능이 필요해요.

발사대
화성 궤도를 오가는 로켓은 사고가 발생해도 정착지에 피해를 주지 않을 만큼 충분히 멀리 떨어져 있어야 해요.

화성에서의 생활
사람들을 태양의 위험한 방사선으로부터 보호하기 위해 분화구 벽에 생활하고 휴식할 수 있는 공간을 만들 수 있어요. 정착민은 태양 광선을 흡수하는 화성 토양으로 덮인 터널을 통해 기지의 다른 곳으로 이동할 수 있어요.

온실
식물이 잘 자라기 위해서는 가능한 한 많은 햇빛이 필요해요. 화성에서는 사방에서 빛을 받을 수 있는 돔으로 이루어진 온실을 지어 식용 식물을 재배해야 해요.

정착 49

채굴 작업
지하 얼음을 녹이는 채굴 시스템을 개발하면 표면 아래에서 물을 퍼 올릴 수 있어요. 화성 토양을 채굴하여 유용한 화학 물질을 얻기 위해 가공할 수도 있지요.

예비 전력
터빈을 만들어 예비 전력을 생산해요. 화성에 먼지 폭풍이 몰아치는 동안 태양이 가려지면 바람을 에너지원으로 사용해야 해요.

태양열 발전소
수많은 거울이 모여 햇빛을 한곳에 모아 기지에 에너지를 공급해요. 탑에 수집된 열은 물을 끓여 증기로 만들고 증기는 팽창하여 터빈을 돌려 전력을 생산하지요.

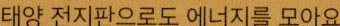
태양 전지판으로도 에너지를 모아요.

물 채굴
 60

3D 프린터는 화성 토양으로 시멘트를 만들어 새로운 건물을 지을 수 있어요.

건물 설계
돔은 표면에 압력을 고르게 분산시키기 때문에 화성에 지을 건물에 적합한 모양이에요. 이렇게 하면 주변의 약한 대기에 비해 내부 공기의 압력이 높아도 건물이 폭발하는 것을 막을 수 있어요.

방사선 피하기
태양의 입자가 머리 바로 위에서 떨어질 때 가장 위험해요. 두꺼운 보호 지붕이 있는 버섯 모양의 디자인을 사용하여 보호할 수 있어요. 투명한 측면으로 태양이 낮고 안전할 때 빛을 받아들이지요.

화성과의 관련성
화성의 정착지에는 생활, 식량 재배, 채굴, 전력 생산을 위한 다양한 시설이 필요해요. 모든 건물은 위험한 방사선으로부터 사람들을 보호할 수 있도록 설계되어야 해요.

농사

화성에서 정착해 살아가는 데 충분한 양의 식량을 지구에서 가져갈 수는 없을 거예요. 그러므로 화성에서 살아가기 위해서는 화성에서 농사짓는 법을 배워야 해요. 식물은 식량을 공급할 뿐만 아니라 인간이 생산하는 다양한 유형의 폐기물을 분해하고 재활용할 수 있어요. 시간이 지남에 따라 정착민은 지구와 유사한 지속 가능한 식량 시스템을 갖추게 될 거예요.

궤도에서의 테스트

우주 비행사들은 국제 우주 정거장에서 이미 식물을 재배하고 있어요. 어떤 종류의 식물이 혹독한 환경에서도 잘 살아남는지 알게 되었지요.

온실

화성에서의 식물

화성에서 식물이 살기는 쉽지 않아요. 식물은 화성 대기의 주요 기체인 이산화 탄소를 먹고 자라지만 산소와 햇빛도 꼭 필요하니까요.

초기 식물 재배

화성에서 식물을 키우려면 지구에서 작은 식물 재배 키트를 가져와야 해요. 각 재배 키트에는 씨앗과 비료 외에 물을 저장하고 식물이 뿌리내릴 수 있게 도와주는 흙과 유사한 물질도 들어 있어요.

작물 선택

정착민은 인간에게 필요한 영양소 섭취를 위해 과일과 채소를 재배할 거예요. 여러 가지 채소, 콩, 토마토, 곡물이 포함될 수 있어요. 일부 작물은 화성의 환경에 더 잘 적응할 수 있도록 실험실에서 개량할 거예요.

정착 51

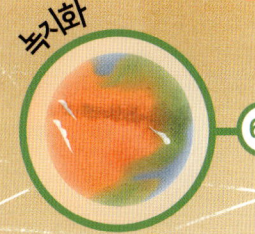
녹지화
61

인공 조명
화성의 약한 햇빛으로는 식물이 지구에서만큼 크고 건강하게 자라지 않아요. 지구 햇빛과 유사한 인공 조명은 식물을 성장시키는 데 도움이 될 거예요.

화성 토양에서의 재배
화성의 흙에서 농사를 짓는 것은 어려운 일이에요. 화성의 흙은 독성 화학 물질을 포함하고 있으며 너무 얇고 먼지가 많아 물과 영양분을 저장할 수 없어요. 식물 재배에 적합하도록 특수 처리가 필요해요.

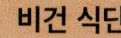
농부도 방사선으로부터 보호받기 위해 우주복을 입어요.

비건 식단
화성에는 동물이 없어서 인간은 고기, 유제품, 달걀을 먹을 수 없어요. 그래서 채식 위주로만 먹어야 하지요.

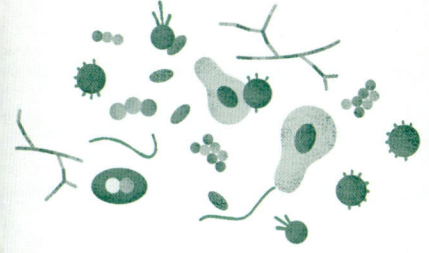

미생물 세척
남세균이라고 하는 지구의 미생물을 화성 토양에 섞으면 해로운 화학 물질은 제거되고 토양에 영양분이 풍부해질 거예요. 하지만 여러 복잡한 문제가 남아 있어요.

천연 비료
인간의 배설물은 식물의 거름으로 사용할 수 있어요. 소변은 식물의 성장을 돕는 비료를 만드는 데 쓸 수 있어요.

화성과의 관련성

인간은 화성에서 살아가려면 식량을 재배해야 해요. 지구의 식물이나 미생물을 화성에 들여오기 전에 혹시라도 화성 환경에 문제가 생기지 않을지 꼭 확인해야 해요.

비상 상황

화성에서 살게 되면, 지구와 멀리 떨어져 있기 때문에 몇 달에서 몇 년까지 도움을 받지 못할 수 있습니다. 그러므로 화성에서 사는 사람들 스스로 어려움을 해결해야 합니다. 비상 상황에서는 지구에 있는 전문가의 조언을 기다릴 시간조차 없을 수도 있어요. 다행히도 화성은 중력이 약해서 몇 가지 위험은 줄어들어요. 넘어져도 다칠 가능성이 적고 떨어진 물건이 손상될 가능성도 적지요. 하지만 사고가 발생하면 어떤 위험이 있을지 모르므로 항상 안전을 최우선으로 생각해야 해요.

화성의 위험 요소들

화성은 대지진이나 홍수와 같은 재해를 겪지는 않지만 바람과 먼지 폭풍으로 인한 피해가 발생할 수 있어요. 작은 사고와 고장도 화성에서는 훨씬 더 위험할 수 있으므로 사람들이 안전하게 지내려면 모든 것이 문제없이 작동해야 해요.

폭풍우

화성에는 먼지 폭풍이 자주 발생하지만 대기가 희박해서 아주 강한 바람도 건물을 훼손할 수 없을 거예요. 대신 먼지가 기계와 태양 전지판에 들어가 큰 문제를 일으킬 수 있어요.

사고는 일어나게 마련이에요

다치거나 아픈 사람들은 기지 내 병원에서 빨리 회복해야 해요. 컴퓨터 의사와 로봇 외과 의사가 사고를 당한 정착민이 회복하도록 도울 거예요. 장비가 손상되면 3D프린터를 사용하여 수리하거나 교체할 수 있어요.

지구와의 접속

연락이 닿지 않는 곳
약 2년마다 지구와 화성은 태양의 반대편에 위치해요. 즉, 지구와 연락을 할 수 없으므로 정착민은 몇 주 동안 고향인 지구와 완전히 단절된 채 시간을 보내야 하지요.

태양에서 나오는 강력한 에너지와 입자들이 지구와의 무선 통신을 방해할 수 있어요.

무선 통신은 지구로 직접 전송되거나 화성 궤도에 있는 위성을 통해 받을 수 있어요.

스스로 힘으로
화성에서 지구와 통신하는 것은 전화나 메시지처럼 간단하지 않아요. 비상 상황에서 정착민은 스스로 문제를 해결하기 위해 노력해야 해요.

지구와의 교신
정착민은 소리, 비디오, 인터넷 데이터를 전달하는 무선 통신을 사용하여 지구와 연락을 유지해요. 무선 통신이 전달되는 데 3~22분 정도 걸리기 때문에 빠른 교신은 어려워요.

지구로

화성과의 관련성
화성에서 일어날 모든 사고에 대비할 수는 없지만 고칠 수 있는 도구와 장비가 있어요. 엔지니어가 지구에서 도움을 주려고 하겠지만 비상시에는 정착민 스스로 해결해야 해요.

지구로

사람들이 화성에서 계속 살 수 있다 하더라도 지구로 돌아가는 여행은 여전히 필요해요. 화성으로의 여행과 마찬가지로 지구로의 귀환은 여러 단계를 포함하는 복잡한 과정을 거쳐요. 우주 비행사는 먼저 화성 상승선에 탑승하고 표면에서 이륙하여 화성 궤도에 진입해요. 그런 다음 지구로 돌아가는 여정을 위해 훨씬 더 큰 우주선으로 갈아타지요. 마지막 단계는 재진입 캡슐을 타고 지구 대기권을 통과해 지구에 착륙하는 거예요.

우주여행 30

화성 상승선

화성에서의 연료 보급

화성 상승선을 발사할 연료를 지구에서 실어 보내는 것은 비용이 많이 들고 위험해요. 화성의 얼음을 이용해 새로운 연료를 만들어야 해요.

화성 상승선

지구로 돌아가기 위해 로켓에 우주선을 실어 발사해 화성 궤도로 진입해요. 그런 다음 로켓은 다시 화성 땅에 착륙해 필요할 때 다시 쓸 수 있도록 준비하지요. 화성은 중력이 약하기 때문에 지구에서 발사하는 로켓만큼 클 필요가 없어요.

지구와의 접속 55

유인 화성 우주선

궤도 진입
상승선이 궤도에 진입하면 우주 비행사는 유인 화성 우주선에 탑승해요. 유인 화성 우주선은 화성 궤도를 벗어나 지구로 가는 몇 달간의 여행을 시작하지요.

재진입 캡슐

화성과의 관련성
화성에서 아무리 확실하게 정착했다고 해도 지구로의 여행은 필요할 거예요. 이러한 이유로 두 행성은 정보, 아이디어, 자원을 공유하고 긴밀한 소통을 유지해야 해요.

지구 재진입
지구에 가까워지면 우주 비행사들은 재진입 캡슐로 이동하고 재진입 캡슐은 지구를 향해 빠르게 하강해요. 지구 대기와 충돌하면 캡슐의 바닥이 수천 도까지 뜨거워지므로 캡슐은 열을 견딜 수 있도록 특수 제작되지요.

안전한 도착
지구의 두꺼운 대기를 통과하면서 느려진 캡슐은 낙하산을 펼쳐 속도를 더 줄여요. 캡슐이 바다로 떨어지면서 부드럽게 착륙하지요.

우주 비행사 복귀
우주 비행사는 캡슐에서 나와 구조를 기다려요. 화성에 머물렀던 사람들은 근육이 약해져 지구에 돌아오면 중력 때문에 몸을 움직이기가 힘들 거예요. 그래서 그들이 다시 건강해질 수 있도록 의료 전문가들이 계속 몸 상태를 확인하고 도와야 해요.

성간 여행  69

인간이 화성을 변화시킬 수 있나요?

화성의 조건이 지구와 더 비슷해지면 화성에서 사는 것이 더 쉬워질 거예요. 화성 전체를 변화시키는 데는 수 세기가 걸릴 수 있고 그 시간 동안 인간도 변할 거예요. 그러면 언젠가는 우주복 없이도 화성을 자유롭게 걷게 되는 날이 오겠지요.

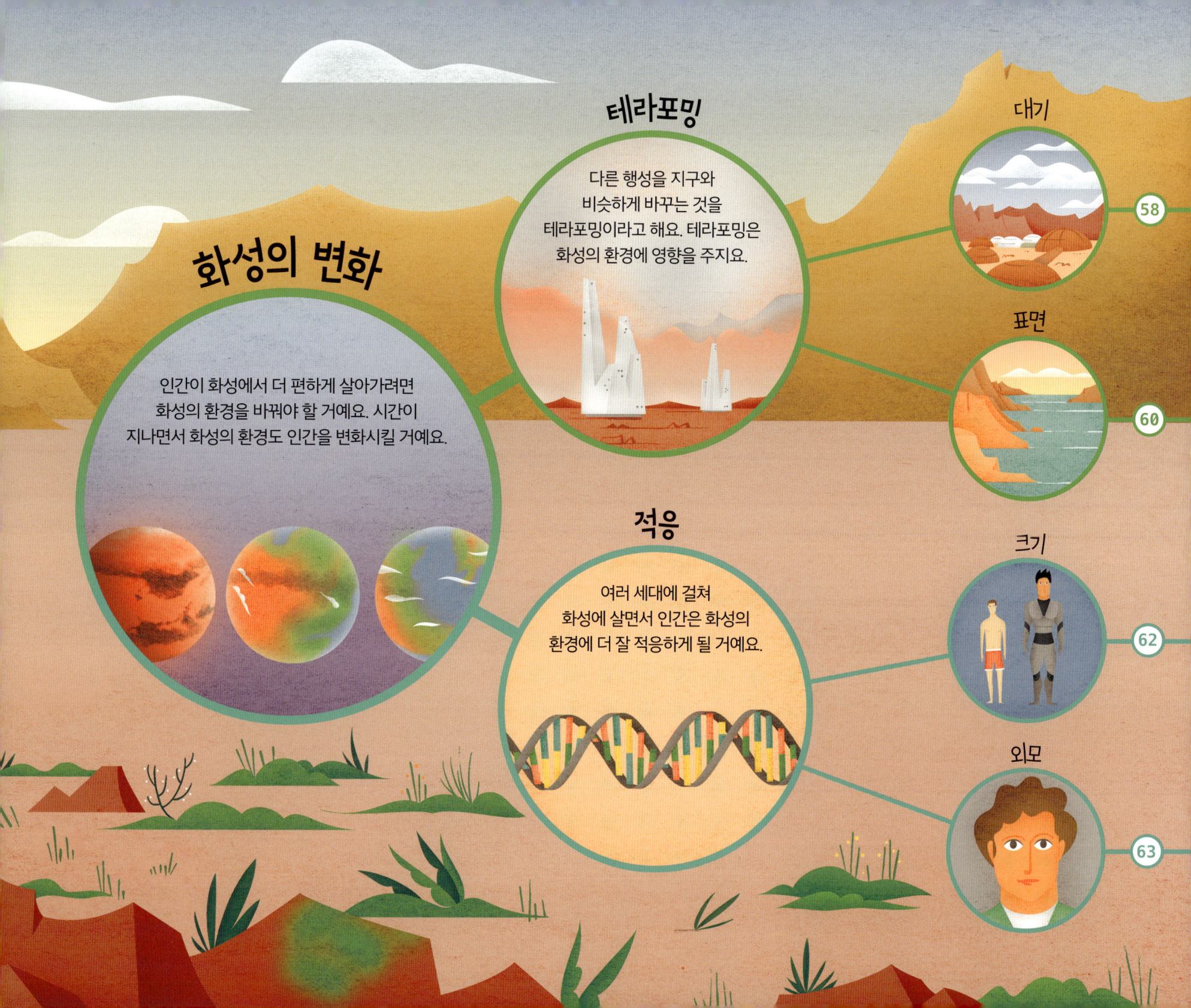

테라포밍

두꺼운 대기 만들기

화성의 대기는 대부분 이산화 탄소로 이루어져 있고 너무 희박해서 열을 붙잡아 둘 힘이 약해요. 땅도 암석으로 뒤덮여 있기 때문에 매우 추워요. 그래서 정착민은 무거운 우주복에 의존해야 해요. 하지만 만약 기체를 더해서 대기를 두껍게 하면 화성을 따뜻하게 하는 데 도움이 될 수 있어요. 이렇게 하면 사람들이 여전히 공기를 마실 수는 없더라도 생활하고 일하기는 훨씬 쉬워질 거예요. 인간이 화성의 대기를 바꾸는 데는 몇 가지 방법이 있어요.

우주에서 공급

만약 우리가 소행성이나 혜성을 화성에 부딪히게 만든다면, 화성에 더 많은 공기를 만들 수 있어요. 소행성이나 혜성에 있던 물질들이 대기 중으로 방출될 테니까요. 그러면 화성의 대기가 두꺼워지는 데 도움이 될 수 있어요.

이동식 공장

금속을 가공하는 산업 시설을 만들어 화성에서 채취한 광물 자원을 가공해 온실 효과를 유발하는 염화 플루오린화 탄소(CFC)를 합성할 수 있을지도 몰라요. 하지만 이 가스를 방출했을 때 발생할 수 있는 환경적인 연구가 필요해요.

대기 만들기

화성의 대기를 지구처럼 두껍게 만들려면 더 많은 공기가 필요해요. 화성에서 발견한 재료로 만들거나 화성 표면을 바꿔서 공기가 천천히 빠져나가게 하거나 우주에서 공기를 가져와야 해요.

드라이아이스 이용하기

화성의 극관에는 엄청난 양의 드라이아이스가 포함되어 있어요. 극관에 검은 물질을 뿌리면 태양으로부터 더 많은 열을 흡수하게 되지요. 이렇게 하면 극관의 온도가 상승하고 이산화 탄소가 나오면서 화성의 대기가 두꺼워질 수 있어요.

녹지화

61

두 번째 태양

우주에 거대한 거울을 띄우면 햇빛을 두 배로 흡수할 수 있어요. 햇빛을 화성의 극지방에 반사해 얼음을 녹이면 더 많은 이산화 탄소가 공기 중으로 방출되지요.

테라포밍 59

대기 상실

수십억 년 전 화성은 두꺼운 대기층을 가지고 있어서 이 대기층이 담요와 같은 역할을 해 표면을 따뜻하게 해 주었어요. 오랜 세월 동안 태양에 의해 화성의 대기가 우주로 날아가 버리면서 화성 표면이 얼어붙었어요.

태양을 위함

태양풍

작은 입자들이 매우 빠른 속도로 태양에서 빠져나와 태양계 전체로 퍼져 나가는 것을 태양풍이라고 해요.

인공적인 자기장

화성과 태양 사이를 공전하는 거대한 위성을 설치하면 태양풍에 의해 화성의 대기가 날아가는 것을 방지할 수 있어요. 위성은 화성 주변에 태양풍 입자를 안전하게 굴절시키는 인공 자기장을 생성하지요.

데이모스

포브스

인공 자기장

인공 자기장이 태양풍으로부터 화성을 보호하는 방어막이 되어 줘요.

대기 유지하기

두꺼운 대기를 유지하려면 태양의 입자 흐름으로부터 화성을 보호해야 해요. 지구에서 이 역할을 하는 강력한 자기장이 화성에는 없어요.

화성과의 관련성

미래의 화성 정착민들이 따뜻한 행성에 살려면 먼저 화성의 대기를 두껍게 해야 해요. 아마도 우리가 아직 개발하지 못한 놀라운 기술에 의해 성공하게 될 거예요.

60 테라포밍

제2의 지구

화성을 지구와 비슷하게 만들기 위한 테라포밍의 첫 번째 단계는 대기를 두껍게 해서 화성을 따뜻하게 만드는 거예요. 그러면 얼음이 녹아 액체 상태의 강, 호수, 바다가 형성되지요. 그다음 단계는 토양의 독성 화학 물질을 제거하고 영양분을 더해 주는 거예요. 이렇게 하면 지구의 식물과 기타 미세 생명체가 화성에서 생존할 수 있어요. 결과적으로는 인간과 동물이 호흡할 수 있는 공기가 서서히 만들어지지요.

물의 공급원

화성 너머의 소행성대에는 얼음이 풍부한 소행성들이 많아요. 소행성에서 얼음을 가져다가 화성의 바다를 더 넓게 만들 수 있을 거예요.

 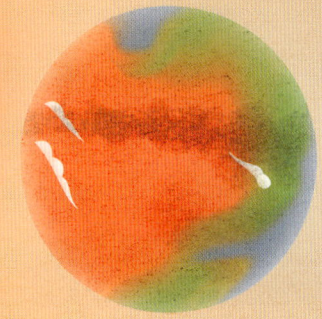 

물은 충분한가요?

화성의 얼음을 모두 녹이더라도 과거 화성에 존재했던 물의 약 1/10밖에 얻지 못할 거예요. 지구 생태계를 유지하는 것과 같은 물 순환으로는 충분하지 않을 수 있어요.

푸른 행성

인간이 화성을 더 따뜻하게 만들 수 있다면 극관이 녹아 물이 흐르고 얼어붙은 토양에서도 물이 스며 나오기 시작할 거예요. 이 물이 분화구 바닥과 북부 평원과 같은 저지대에 모여 호수와 바다를 형성하게 되겠지요.

변화하는 금성

66

테라포밍

화성의 생명체

행성 보호

테라포밍하기 전, 과학자는 화성에 생명체가 없다는 것을 확인해야 해요. 오늘날의 우주 탐사선은 지구 미생물이 화성을 오염시키지 않도록 깨끗하게 처리되지만, 테라포밍의 과정에서 지구 미생물이 화성을 오염시키는 일은 분명히 발생하게 될 테니까요.

화성의 운석

과학자들은 화성에서 지구로 떨어진 암석을 연구하여 생명체의 흔적을 찾고 있어요. 만일 생명체의 흔적이 발견되면 화성에 아직 남아 있는 생명체에 해를 끼칠 수 있으므로 화성에 세운 계획을 다시 생각해야 해요.

화성 물 순환

수천 년이 지나면 화성은 따뜻하고 습한 행성이 될 거예요. 테라포밍된 화성의 대기는 바다에서 상승하는 수증기를 흡수한 다음 다시 비가 되어 내려 식물의 생명을 유지해요.

표면의 녹지화

화성을 친환경으로 바꾸는 첫 번째 단계는 미세한 남조류(광합성 조류)를 도입하는 거예요. 이 단순 생명체는 대기에서 이산화 탄소를 흡수하고 이를 산소로 바꿔줘요. 그렇게 되면 산소가 필요한 더 복잡한 식물도 키울 수 있어요.

화성광의 관련성

화성이 정말로 지구와 같아지려면 표면에는 액체 상태의 물이 있어야 하고 식물이 자랄 수 있어야 해요. 이를 위해 대기를 바꾸려면 아주 오랜 시간이 필요해요.

화성인 되기

수천 년이 지나면 가족 대대로 화성에 사는 사람들은 지구인과 다르게 보일 수 있어요. 시간이 지나면서 일부 정착민은 화성 환경에 더 잘 맞도록 지구인과 다르게 태어날 것이기 때문이에요. 이러한 차이는 시간이 지나면서 더 뚜렷해질 거예요. 언젠가 화성의 인간은 화성 생활에 완벽하게 적응하도록 변화하겠지만, 지구로 돌아오면 어려움을 겪게 되겠지요.

새로운 종?

오늘날 인류는 모두 호모 사피엔스라는 하나의 종으로 이루어져 있어요. 화성 정착민이 너무 많이 변해서 지구에서 태어난 인간과 더는 아이를 가질 수 없게 된다면 그들은 새로운 종으로 분류될 거예요.

건강

면역

화성인은 지구에 있는 세균들에 노출된 적이 없기 때문에 면역 체계가 더 약할 수 있고 지구에서 온 방문객이 질병을 옮기면 생명이 위험할 수 있어요.

체형

화성인은 더 튼튼한 골격과 굵은 팔다리를 갖게 될 수 있어요. 약한 뼈를 보완하는 데 도움이 될 테니까요.

뼈

화성은 중력이 약해서 화성에서 태어난 사람의 뼈는 지구인보다 더 가볍고 약할 거예요. 뼈가 쉽게 부러질 수 있겠죠.

다음 목적지는 어디일까요?

인간이 화성에 정착하고 나면 태양계에는 탐험할 수 있는 다른 행성이 많이 생겨요. 언젠가 우리가 별들 사이의 광활한 거리를 극복할 수 있다면 우리 은하계에는 인간이 '우리 별'이라고 부를 수 있는 행성이 수십억 개가 되겠지요.

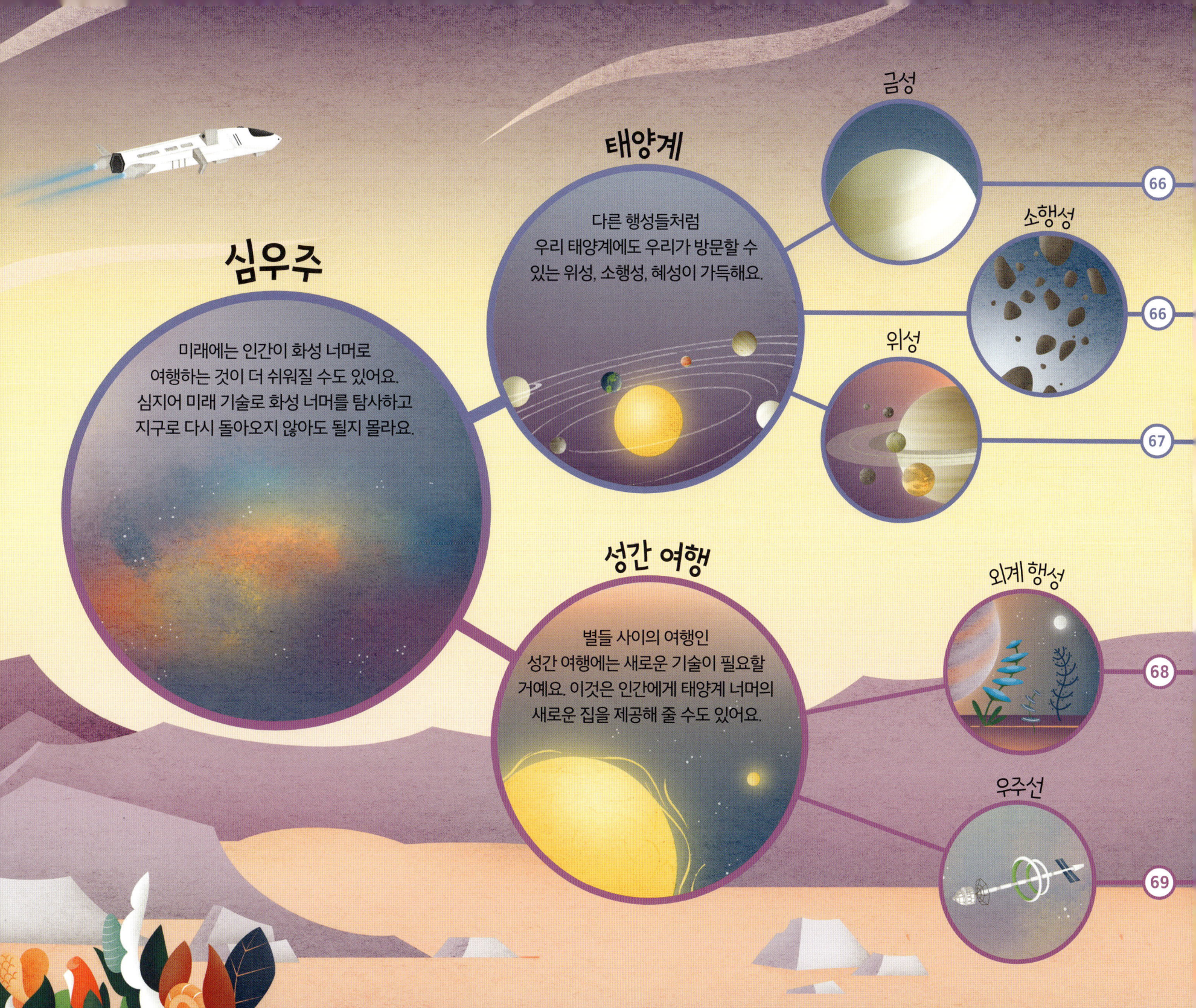

태양계 너머

21세기 과학으로는 인간이 태양계의 다른 행성을 방문하는 데 수년이 걸릴 거예요. 하지만 미래 기술을 사용하면 더 쉽고 빠르게 도달할 수 있겠지요. 과학자들은 탐사하기 가장 좋은 목적지는 화성 너머의 더 먼 곳에 있다고 생각해요. 극한의 추위와 희미해지는 태양 빛 속에서 사람들은 지하 바다가 존재하는 소행성과 위성을 여행할 수 있을 거예요. 이러한 곳들은 인간의 새로운 터전으로 적합할 수 있으며 외계 생명체를 찾을 기회가 될 수 있어요.

테라포밍

세레스

소행성대의 화성 너머에는 왜행성 세레스가 있어요. 이 행성에는 소금기 있는 얼음이 스며 나오는 화산이 있답니다. 과학자들은 세레스에 단순 생명체가 있을 수 있다고 생각해요.

탐사 대상

태양계에는 수백 개의 행성, 위성, 소행성, 혜성이 있으며 그곳을 탐사해야 할 이유는 많지요. 어떤 곳은 우리의 기원에 대해 더 많은 것을 알려 줄 수도 있고 혹은 다른 생명체가 사는 곳일 수도 있어요.

금성

일부 과학자들은 언젠가 금성을 테라포밍하면 지구와 같은 곳이 될 거라고 생각해요. 오늘날 금성은 엄청난 압력과 오븐처럼 뜨거운 온도로 인해 인간이 탐사하는 것은 불가능하답니다.

소행성

일부 소행성에는 귀한 광물이 저장되어 있어요. 또 어떤 소행성은 태양계가 탄생한 이후로 변하지 않고 그대로이기 때문에 태양계의 시작에 대한 중요한 정보를 얻을 수 있을 거예요.

태양계 67

토성에는 아름다운 고리계와 100개가 넘는 위성이 있어요.

타이탄

토성의 가장 큰 위성은 태양계에서 유일하게 대기가 두껍고 표면에 액체 상태의 호수가 있는 곳이에요. 지구와 비슷한 특성을 가진 타이탄은 생명체가 진화하기 이전의 지구의 모습을 알려 줄 수 있어요.

타이탄은 지구의 기름과 비슷한 화학 물질들이 액체 상태로 존재하면서 비처럼 내려 호수를 이뤄요.

 가니메데

엔셀라두스

토성의 작은 위성인 엔셀라두스에는 얇은 얼음층 아래 액체 상태의 물로 이루어진 바다가 있어요. 물은 얼음의 균열을 뚫고 분출되어 우주로 빠져나갔다가 얼어붙어 눈처럼 다시 지상으로 떨어지지요.

목성에는 착륙 가능한 표면이 없고 인간이 너무 가까이 접근하게 되면 위험한 방사선대가 있어요.

유로파

목성의 큰 위성인 유로파는 두꺼운 얼음층이 바다를 덮고 있으며 바다는 해저 화산에 의해 액체 상태로 유지되지요. 이 얼음층을 통과할 수 있는 로봇을 보내 생명체를 찾으려고 연구 중이에요.

유로파는 태양계 내에서 다른 생명체를 찾을 가능성이 가장 큰 곳일 수 있어요.

화성과의 관련성

지구와 유사한 행성에 기지를 건설하면 외계 생명체를 찾을 수 있을지도 몰라요. 일부 과학자들은 고대의 혜성 충돌로 인해 혜성 속에 있던 물질들이 태양계의 행성에 뿌려졌고 그 물질 덕분에 지구에서 생명체가 시작될 수 있었다고 생각해요.

별들 속으로

태양계 너머를 여행하려면 엄청난 거리를 이동해야 해요. 가장 가까운 별은 화성보다 수만 배 더 멀리 떨어져 있으며, 미래 첨단 기술로도 도달하는 데까지 수 세기가 걸릴 수 있어요. 이러한 여정은 다른 행성에서 새로운 정착지를 건설하는, 돌아오지 않는 여행이 될 거예요. 성간 여행의 최종 목적지는 우리 은하계 내에서 지구와 유사한 조건을 가진 행성이 되겠지요.

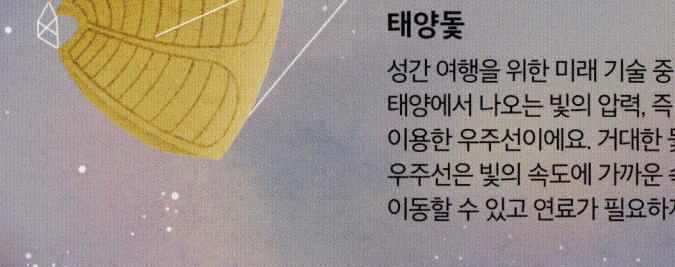

태양돛

성간 여행을 위한 미래 기술 중 하나는 태양에서 나오는 빛의 압력, 즉 태양풍을 이용한 우주선이에요. 거대한 돛을 펼친 우주선은 빛의 속도에 가까운 속도로 빠르게 이동할 수 있고 연료가 필요하지도 않아요.

외계 행성

태양계 밖 다른 별 주위를 공전하는 행성을 외계 행성이라고 해요. 외계 행성은 태양계의 행성보다 훨씬 더 다양하며, 적어도 일부 행성은 인간이 정착하기에 알맞은 환경일지도 몰라요.

성간 거리

별과 별 사이는 너무 멀어서 다른 별까지 가려면 사람의 한 평생보다 훨씬 더 오랜 시간이 걸려요. 그래서 지구를 떠나 우주여행을 하는 사람은 여행 중에 죽을 수도 있고, 목적지에 도착해도 자기가 출발한 지구를 다시 볼 수 없게 될 수 있어요.

우산 모양의 방패는 성간 먼지와의 충돌로부터 거대한 우주선을 보호해 주지요.

생명체 거주 가능 영역

지구와 마찬가지로 인간에게 적합한 외계 행성은 생명체 거주 가능 영역에 있어야 해요. 생명체 거주 가능 영역은 기온이 너무 뜨겁지도 너무 차갑지도 않고, 표면에 액체 상태의 물이 있어 인간이 생존하기에 적합한 곳이에요. 화성은 생명체 거주 가능 영역의 가장자리에 있어요.

성간 여행

생명체가 살기 힘든 외계 행성에도 인간이 거주할 수 있는 위성이 있을 수 있어요.

사람들은 거대한 고리 안에서 생활해요. 이 고리가 천천히 회전하면서 중력을 느낄 수 있어요.

성간 우주선은 원자력의 힘을 이용해 추진력을 얻도록 연구되고 있어요.

성간 우주선

다른 별로 여행하기 위한 성간 우주선은 오랜 시간이 걸리기 때문에 인류가 다른 행성이나 우주 공간에 정착하기 위해 필요한 모든 것을 싣고 떠나요. 새로운 정착지에서 장기간 자급자족하며 살 수 있도록 종합적인 생명 유지 시스템을 갖춰야 해요.

우주선에서의 생활

성간 우주선 내부는 작은 지구예요. 대기, 물, 식물, 동물, 심지어 인간이 살 수 있는 환경을 유지하는 데 필요한 모든 것을 생산하도록 설계되고 인공 태양까지 있을 거예요.

화성과의 관련성

태양계의 다른 행성에서는 테라포밍 없이 인간이 정착할 수 없어요. 지구와 비슷한 외계 행성을 찾아 평생을 보내는 것은 인간이 다른 행성에서 살 수 있는 시작이 될 거예요.

용어 해설

3D 프린터: 재료를 여러 층으로 쌓아 3차원의 물건을 만드는 기계

궤도: 별이나 행성이 다른 천체 주변을 도는 길

궤도선: 궤도를 돌면서 사진을 찍거나 관측하는 우주 탐사선

극관: 화성의 북극과 남극에 얼음과 눈으로 덮여 있는 흰 부분

남조류: 아주 작고 광합성을 할 수 있는 세균

내부 태양계: 태양과 소행성 사이의 태양계 영역

대기: 행성이나 별을 둘러싸고 있는 공기층

달: 지구를 도는 위성

로켓: 연료를 태워 하늘로 날아가는 물체

루나 게이트웨이: 달 궤도에 짓는 우주 정거장, 화성 여행을 위한 출발지로 사용될 수 있다.

망원경: 멀리 있는 물체를 더 가깝게 볼 수 있는 장치

미생물: 현미경으로만 볼 수 있는 아주 작은 생물체

발사체: 로켓을 포함해 우주로 쏘아 올리는 장치들

방사능: 불안정한 원자핵에서 나오는 아주 작은 에너지의 흐름. 눈에 보이지 않지만 아주 빠른 속도로 움직이는 작은 알갱이이거나 빛과 비슷한 파동의 형태로 우주 공간에 퍼져 나간다. 방사선은 우주 공간을 떠도는 동안 다른 물체를 뚫고 지나갈 수 있는 힘이 있어서, 우주선이나 사람의 몸에 닿으면 몸속의 세포를 다치게 할 수 있다.

부스터 로켓: 로켓을 더 힘차게 날아가게 해 주는 보조 로켓

산소: 지구상의 거의 모든 생물이 생존하는 데 필요한 기체

생명체 거주 가능 영역: 별 주변에서 생명체가 살 수 있는 온도와 환경을 가진 범위의 공간

성간 여행: 태양계 너머의 다른 별로 가는 여행

소행성: 소행성대에서 태양의 둘레를 공전하는 작은 행성들

소행성대: 화성과 목성 사이에 소행성이 많이 모여 있는 곳

열 차폐막: 뜨거운 열기로부터 우주선을 보호하는 막

외계 행성: 태양이 아닌 다른 별을 중심으로 공전하는 태양계 밖의 행성

외부 태양계: 소행성대 너머의 태양계 영역

우주 비행 관제 센터: 지구에 있으면서 우주선의 상태를 확인하고 우주 임무를 관찰하는 곳

우주 탐사선: 우주를 탐험하기 위해 설계된 우주선

우주복: 우주의 환경으로부터 사람을 보호하는 옷

위성: 어떤 행성 주변을 도는 천체, 자연적이거나 인공적일 수 있다.

유인 화성 우주선: 사람을 태우고 화성으로 가도록 설계된 우주선

이산화 탄소: 우리가 숨을 내쉴 때 나오는 기체로 화성 대기의 대부분을 차지하고 있다.

자기장: 자성이라는 힘이 미치는 공간으로 행성의 자기장은 대기와 생명체를 보호하는 역할을 한다.

자원: 공기, 물, 에너지 등 사람이 쓸 수 있는 재료

재진입 캡슐: 우주에서 지구로 돌아올 때 타는 작은 우주선

정착민: 새로운 곳에 가서 사는 사람들

조류: 이산화 탄소와 햇빛을 이용해 양분을 만드는 작은 식물

중력: 물체를 끌어당기는 힘으로 지구의 중력 때문에 우리가 땅에 붙어 있을 수 있다.

착륙선: 다른 행성에 안전하게 내려앉도록 설계된 우주선

천문학: 우주의 별, 행성 등을 연구하는 학문

충: 태양과 다른 행성이 지구를 중심으로 반대쪽에 위치하게 되는 것

탐사 로봇: 사람 대신 다른 행성을 탐사하도록 설계된 기계

탐사차: 행성 표면을 돌아다니며 탐사하는 로봇 차량

태양 전지판: 햇빛을 받아서 전기를 만드는 판

태양계: 태양과 태양 주변을 도는 행성, 위성 등을 포함하는 우주 영역

태양열: 태양의 뜨거운 에너지로 인간이 수집해 사용할 수 있다.

태양풍: 태양에서 날아오는 입자의 흐름

터빈: 바람이나 물의 힘으로 돌아가면서 전기를 만드는 프로펠러처럼 생긴 기계

테라포밍: 다른 행성을 지구처럼 사람이 살기 좋은 환경으로 바꾸는 것

화성: 태양의 네 번째 행성으로 인간이 탐사하기 가장 쉬운 행성이다.

화성 상승선: 화성에서 다시 우주로 날아오르도록 설계된 우주선

| 찾아보기 |

- 3D 프린터 41, 49, 52
- 가니메데 67
- 건강 28, 31, 38-39, 55, 62
- 국제 우주 정거장 50
- 궤도 8, 9, 11, 19, 22, 23, 26, 27, 32, 54, 55, 68
- 궤도선 18, 19
- 궤도선 마스 익스프레스 19
- 궤도선 매리너 4호 19
- 궤도선 매리너 9호 19
- 극관 13, 17, 46
- 금성 8, 66, 68
- 기지 12, 33, 41, 44-45, 46-47, 48-49, 67
- 달 2, 11, 20, 27
- 데이모스 11, 17
- 드론 42, 43
- 로켓 20, 21, 26-27, 30, 32, 45, 48, 54, 58, 69
- 루나 게이트웨이 27
- 망원경 2, 14, 15, 16, 17
- 매리너 협곡 11
- 먼지 폭풍 49, 52
- 목성 9, 67
- 미생물 40, 51, 61
- 발사체 26
- 방사선 35, 36, 47, 48, 49, 51, 63, 67
- 버기 42
- 부스터 로켓 26
- 생명체 거주 가능 영역 68
- 생활 10, 60, 66, 67
- 서식지 24, 33, 41
- 성간 여행 65, 68-69
- 세레스 66
- 소행성 60, 66
- 소행성대 8, 9, 66
- 수성 8
- 엔셀라두스 67
- 열 차폐막 32
- 올림푸스 산 11
- 외계 행성 68, 69
- 용암 터널 12, 46
- 우주 비행 관제 센터 23, 38, 39
- 우주 비행사 22, 23, 24-25, 30-33, 34, 39, 36-39, 46, 54, 55
- 우주 탐사선 15, 18, 61

- 우주 과학 15
- 우주복 24, 33, 34, 35, 36-37, 51, 58
- 우주선 21, 23, 26-27, 29, 30-31, 32-33, 54, 68-69
- 우주여행 20, 22, 23, 26-27, 28-33, 38, 54-55, 64-69
- 원자로 41
- 위성 53, 59
- 유로파 67
- 유인 화성 우주선 27, 30-31, 32, 55
- 이산화 탄소 2, 11, 17, 37, 40, 50, 58, 61
- 자기장 36, 59
- 재진입 캡슐 55
- 조류 40, 51, 61
- 중력 25, 26, 29, 30-31, 69
- 지구 8, 10, 13, 22, 35, 45, 54-55, 68
- 지구와의 교신 53
- 지구의 생명체 8, 10, 60
- 지구의 중력 10, 55
- 착륙선 18-19, 29, 32-33
- 착륙선 바이킹 1호, 2호 18
- 착륙선 패스파인더 18
- 채굴 40, 49, 58, 60
- 천문학 15, 16-17
- 천왕성 9
- 충 22
- 타르시스 화산군 11
- 타이탄 67
- 탐사 로봇 2, 8, 14, 15, 18-19, 43, 46, 67
- 탐사차 13, 18-19, 42
- 탐사차 소저너 18
- 탐사차 스피릿 19
- 탐사차 오퍼튜니티 19
- 탐사차 큐리오시티 11, 18
- 탐사차 퍼서비어런스 18
- 탐사차 피닉스 19
- 태양 12-13, 22, 31, 53, 58, 66
- 태양 전지판 27, 41, 49, 52
- 태양 표면 폭발 31
- 태양계 7, 8-9, 64, 65, 66-67
- 태양열 13, 41, 42, 46, 47, 49
- 태양풍 59

- 터빈 41, 46, 49
- 테라포밍 56, 57, 58-61, 63, 66
- 토성 9, 67
- 포보스 11, 17
- 풍력 터빈 41, 49
- 해왕성 9
- 헬라스 분지 47
- 화성 7, 8, 9, 11, 12-13, 68
- 화성 상승선 54
- 화성 착륙 29, 32-33
- 화성과 지구의 유사점 12-13, 24, 46
- 화성과 지구의 차이점 10-11
- 화성에서의 농사 50-51
- 화성에서의 생활 22, 44-55
- 화성으로 가는 여행 20-23, 26-27, 28-33
- 화성의 계절 12-13, 46, 47
- 화성의 대기 8, 11, 17, 32, 33, 36, 37, 49, 52, 58-61
- 화성의 물 11, 12, 13, 19, 40, 41, 46, 47, 49, 60-61
- 화성의 산소 40, 50
- 화성의 생명체 2, 17, 50, 51, 60, 61, 62, 63
- 화성의 역사 2, 12, 13, 15, 16-17
- 화성의 연료 40, 46, 54
- 화성의 온도 10, 12, 17, 37
- 화성의 위성 11, 17
- 화성의 자원 35, 40-41, 45, 46, 47, 49
- 화성의 중력 7, 11, 36, 52, 54, 63
- 화성의 크기 10, 42
- 화성의 하루 길이 13
- 화성의 햇빛 13, 38, 41, 46-47, 48, 49, 50, 51, 58, 63
- 화성의 환경 11, 12-13
- 화성인 57, 62-63

자일스 스패로우(Giles Sparrow) 글

천문학과 물리학을 전공으로 하는 프리랜서 작가이자 편집자예요. 특히 어린이들을 위한 과학 및 우주 관련 책을 여러 권 썼어요. 지은 책으로는 『어린이 우주 백과사전』, 『화성: 붉은 행성의 새로운 전망』, 『우주와 보는 방법』, 『태양계 너머 거대한 우주 속으로』 등이 있어요. 왕립천문학회 회원이기도 하며 『BBC 스카이 앳 나이트』 매거진과 『올 어바웃 스페이스』에 글을 기고하고 있어요.

엘 프리모 라몬(El Primo Ramón) 그림

대서양 연안에서 태어났으며, 건축가와 그래픽 디자이너로 일했어요. 그래픽 표현학으로 박사 학위를 받았지만, 일러스트에 대한 열정으로 하던 일을 포기하고 어린이책과 잡지 등에 멋진 작품을 그리고 있어요.

박정화 옮김

단국대학교 대학원에서 영문학을 전공하고 동대학원에서 영문학 박사 학위를 받았어요. 현재 단국대학교에서 강의를 하면서 어린이책 번역가로 활동하고 있어요. 옮긴 책으로 『시니 소마라 박사가 들려주는 직업 이야기 시리즈』, 『돌아온, 할머니는 도둑』, 『물은 소중해요』, 『플라스틱은 왜 지구를 해칠까요?』, 『폭풍우 치는 날: 만화로 배우는 기후 이야기』 등이 있어요.

지구를 살리는 환경 이야기 우리가 화성에서 살 수 있을까요?

자일스 스패로우 글 · 엘 프리모 라몬 그림
미국 항공 우주국(NASA) 엘리자베스 램피 박사 감수 · 박정화 옮김
처음 펴낸날 2025년 6월 20일
펴낸이 · 김금순
펴낸곳 · 바나나북
출판등록 · 제2013-000080호
주소 · 서울 광진구 천호대로 709-9 음연빌딩 2층
전화 · (02)716-0767   팩스 · (02)716-0768
이메일 · ibananabook@naver.com
블로그 · www.bananabook.co.kr

Can We Live On Mars?: Mind Mappers
- Making Difficult Subjects Easy To Understand
by Giles Sparrow (Author), El Primo Ramon (Illustrator),
Dr. Elizabeth Rampe, NASA (Consultant)
Copyright © 2024 Weldon Owen International, LP
Korean translation rights © DNB Story Co. Bananabook, 2025
Published by arrangement with Weldon Owen, an imprint of Insight Editions USA
through AMO Agency, Korea.
No Part of this book may be reproduced in any form without written permission from the publisher.

이 책의 한국어판 저작권은 AMO 에이전시를 통해 저작권자와 독점 계약한 도서출판 바나나북(디엔비스토리)에 있습니다.
저작권법에 의해 보호를 받는 저작물이므로 무단 전재와 무단 복제를 금합니다.
KC마크는 이 제품이 공통안전기준에 적합하였음을 의미합니다.
ISBN 979-11-88064-55-7 74440

- 바나나북은 크레용하우스의 임프린트이며 디엔비스토리의 아동·청소년 브랜드입니다.